Tre vant carambole: Interessante og uvanlige mønstre

Fra profesjonelle mesterskapsturneringer

Test deg selv mot profesjonelle spillere

Allan P. Sand
PBIA/ACS Sertifisert Biljard Instruktør
Oversatt med Google Translate.

Billiard Gods Productions
Santa Clara, CA

ISBN 978-1-62505-322-0
(PRINT)

First edition

Published by Billiard Gods Productions.
Santa Clara, CA 95051
U.S.A.

Feedback can be forwarded to: **billiardgods@gmail.com**
For the latest information, go to: http://www.billiardgods.com

Acknowledgements

Wei Chao created the software that generated the table graphics in this book.

Innholdsfortegnelse

Other books by the author …

> 3 Cushion Billiards Championship Shots (a series)
>
> Carom Billiards: Some Riddles & Puzzles
>
> Carom Billiards: MORE Riddles & Puzzles
>
> Why Pool Hustlers Win
>
> Table Map Library
>
> Safety Toolbox
>
> Cue Ball Control Cheat Sheets
>
> Advanced Cue Ball Control Self-Testing Program
>
> Drills & Exercises for Pool & Pocket Billiards
>
> The Art of War versus The Art of Pool
>
> The Psychology of Losing – Tricks, Traps & Sharks
>
> The Art of Team Coaching
>
> The Art of Personal Competition
>
> The Art of Politics & Campaigning
>
> The Art of Marketing & Promotion
>
> Kitchen God's Guide for Single Guys

Introduksjon

Dette er en av en rekke Carom Biljardbøker som viser hvordan profesjonelle spillere tar avgjørelser, basert på tabelloppsettet. Alle disse layoutene er fra internasjonale konkurranser.

Disse oppsettene legger deg inne i spillerenes hode, som begynner med ballposisjonene (vist i første tabell). Den andre tabelloppsettet viser hva spilleren bestemte seg for å gjøre.

Om bordoppsettene

Dette er de tre ballene på bordet:

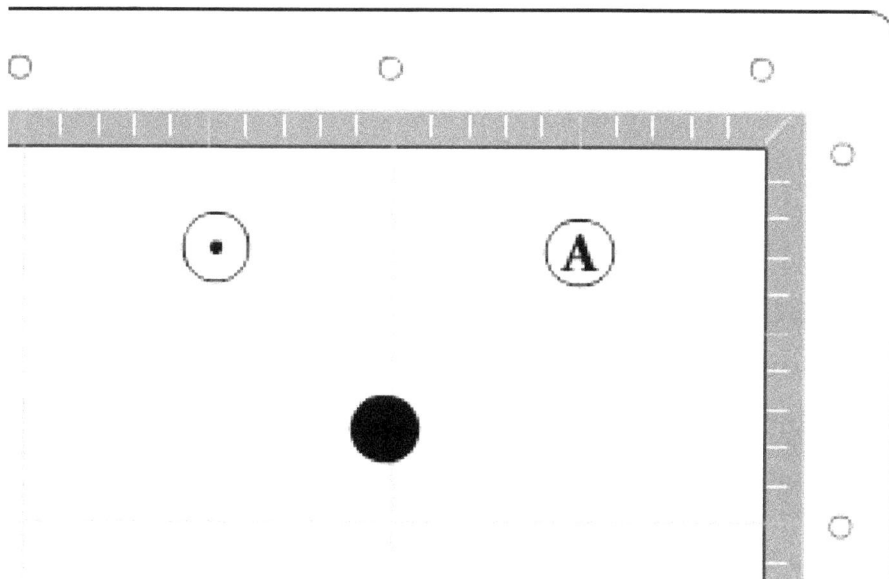

(A) (CB) (biljardkulen din)

(·) (OB) (motstander biljardball)

● (OB) (rød biljardball)

Hver konfigurasjon har to tabelloppsett. Den første tabellen er ballposisjonene. Det andre bordet er hvordan ballene beveger seg på bordet.

Tabelloppsett

Bruk papirbindingsringer for å merke ballposisjonene (kjøp hos enhver kontorforretning).

Plasser en mynt ved hver pute som den (CB) vil berøre.

Sammenlign din (CB) -bane med den andre tabellkonfigurasjonen. For å lære kan det hende du trenger flere forsøk. Etter hver feil, foreta justering og prøv igjen.

Formål med layoutene

Disse oppsettene er gitt for to formål.

- Din analyse - Hjemme kan du vurdere hvordan du spiller konfigurasjonen på den første tabellen. Sammenlign dine ideer til selve mønsteret på den andre tabellen. Tenk på løsningen, og vurder alternativer. Fra det andre bordet kan du også analysere hvordan du følger mønsteret. Mentalt spiller skudd og bestemmer hvordan du kan lykkes.

- Øv tabellkonfigurasjonen - Legg ballene på plass, i henhold til den første tabellkonfigurasjonen. Prøv å skyte på samme måte som det andre bordmønsteret. Du må kanskje ha mange forsøk før du finner den riktige måten å spille på. Slik lærer du og spiller disse skuddene under konkurranser og turneringer.

Kombinasjonen av mental analyse og praktisk praksis vil gjøre deg til en smartere spiller.

A: Vant først

Dette er interessante konfigurasjoner. (CB) går først inn i en vant og fullfører deretter poengsummen med en uvanlig omstendighet.

(A) (CB) (biljardkule) - ☉ (OB) (motstander billiardball) - ● (OB) (rød biljardball)

A: Gruppe 1

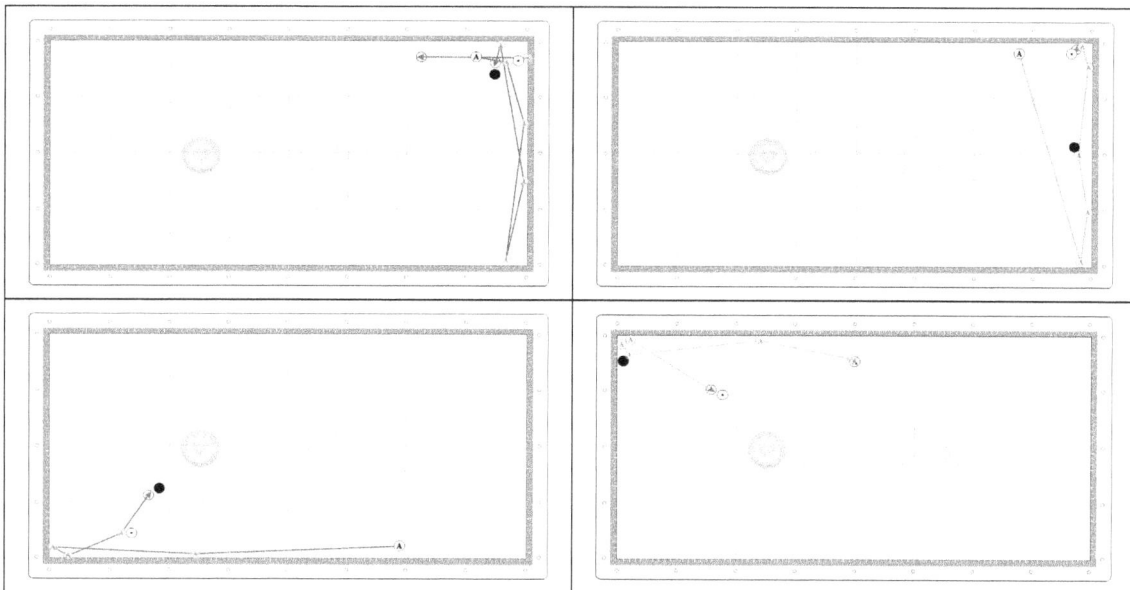

Analyse:

A:1a. _____

A:1b. _____

A:1c. _____

A:1d. _____

A:1a – Setup

Notater og ideer:

Skudd mønster

A:1b – Setup

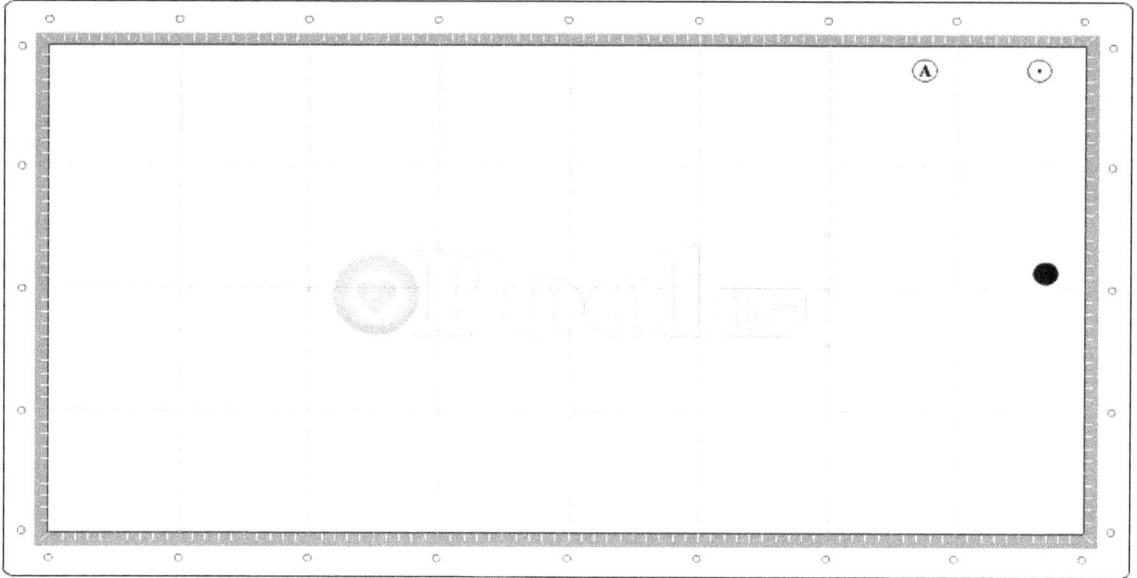

Notater og ideer:

Skudd mønster

A:1c – Setup

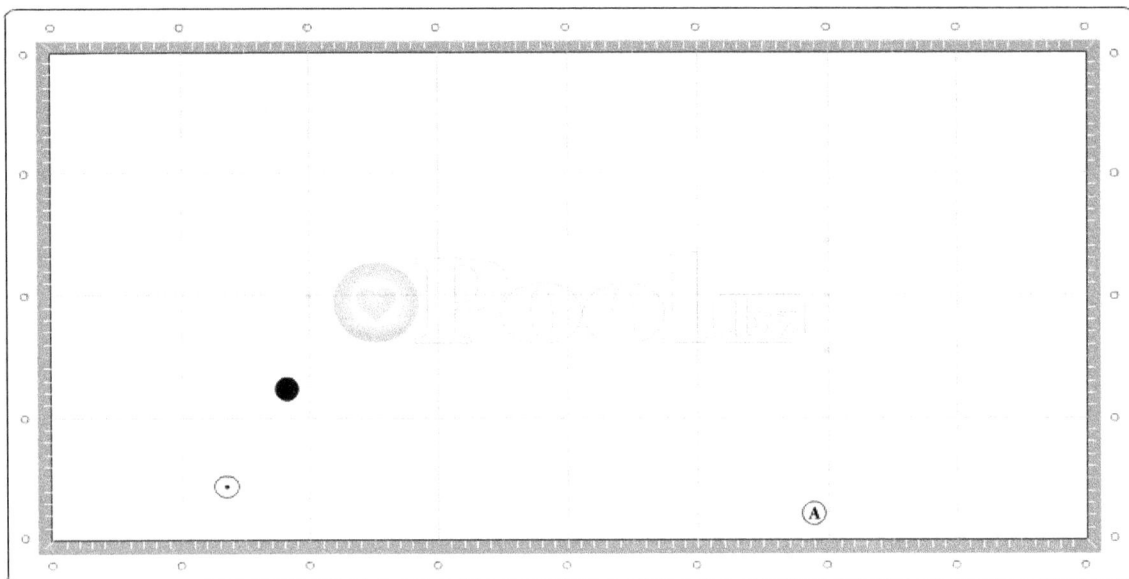

Notater og ideer:

Skudd mønster

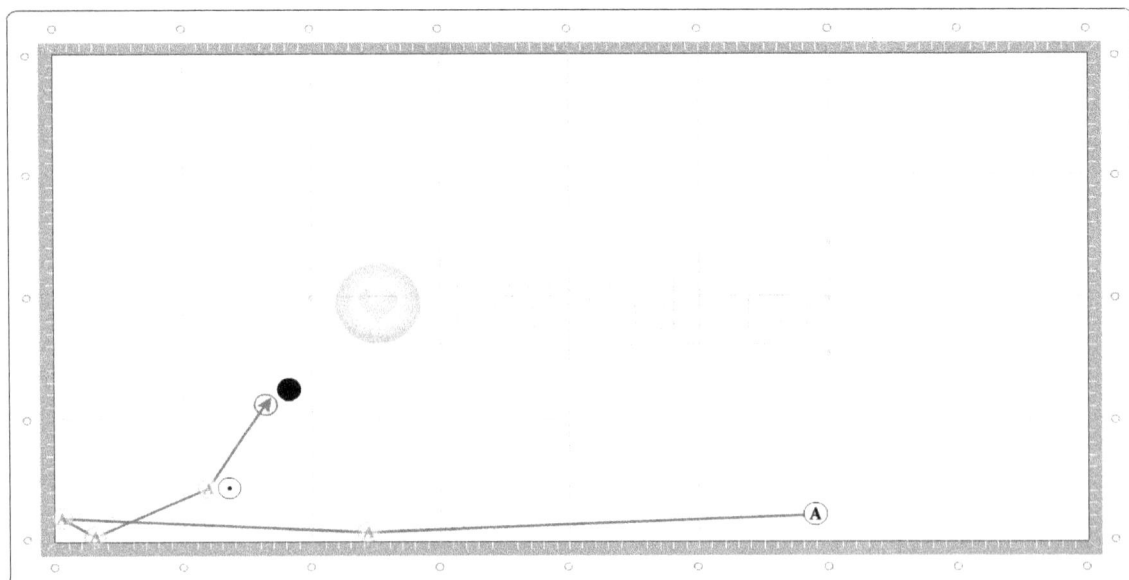

A:1d – Setup

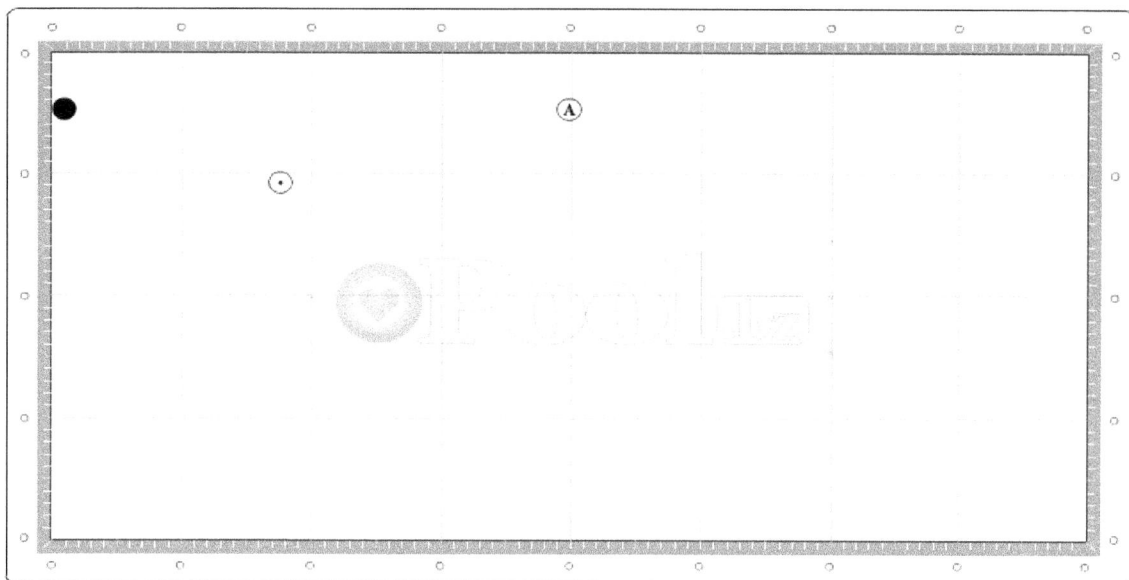

Notater og ideer:

Skudd mønster

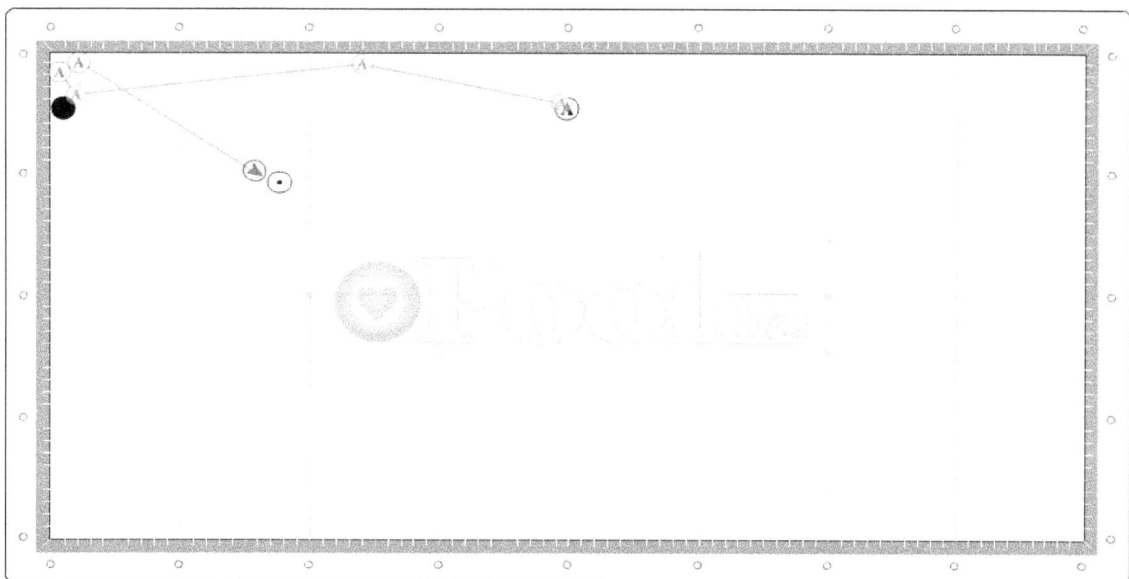

A: Gruppe 2

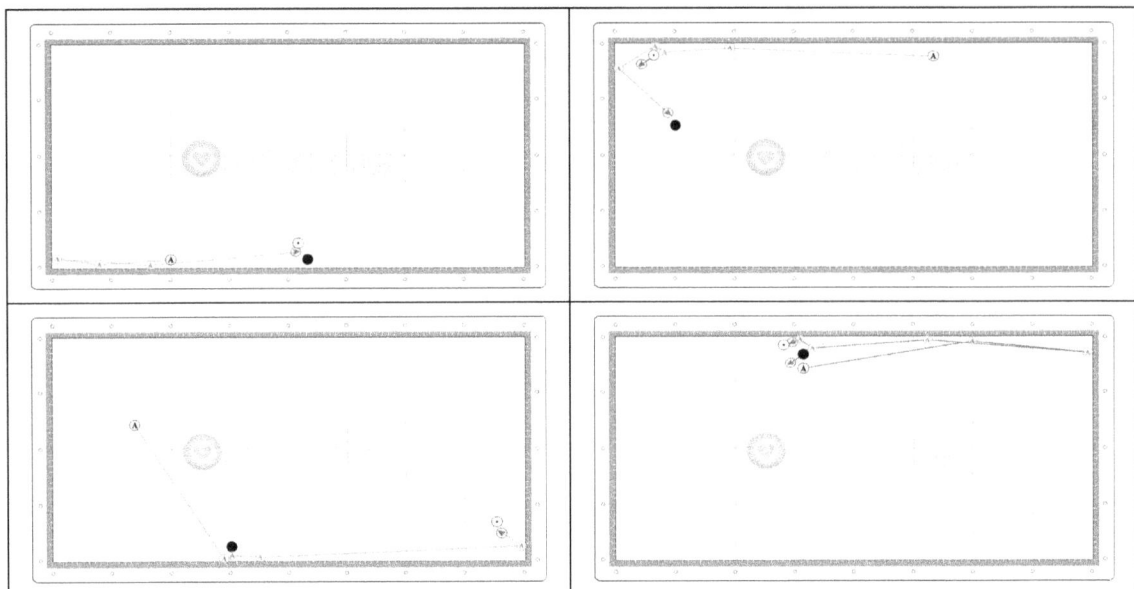

Analyse:

A:2a. _____

A:2b. _____

A:2c. _____

A:2d. _____

A:2a – Setup

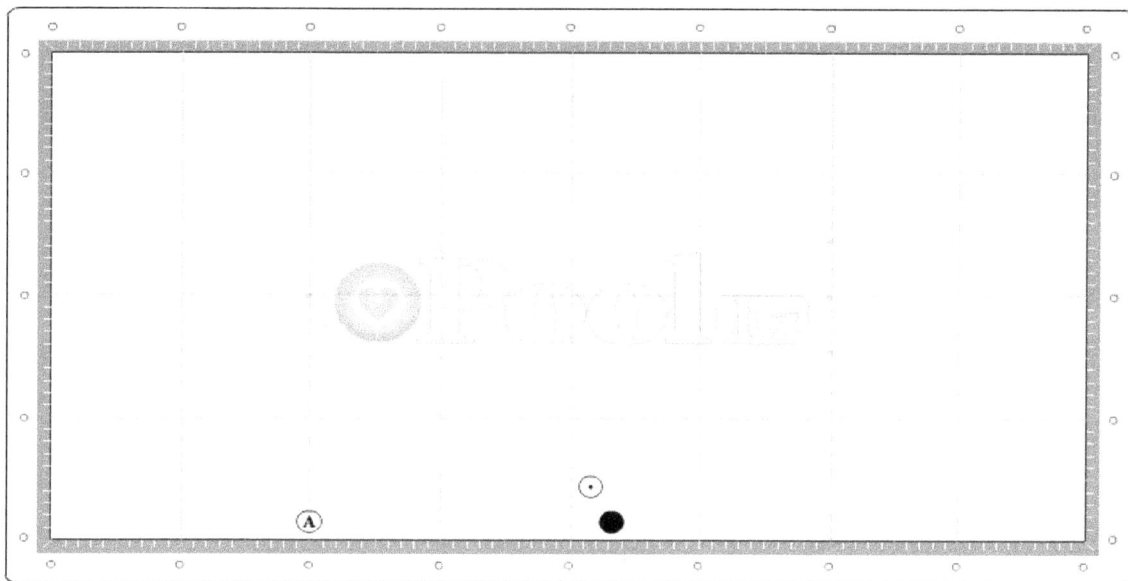

Notater og ideer:

Skudd mønster

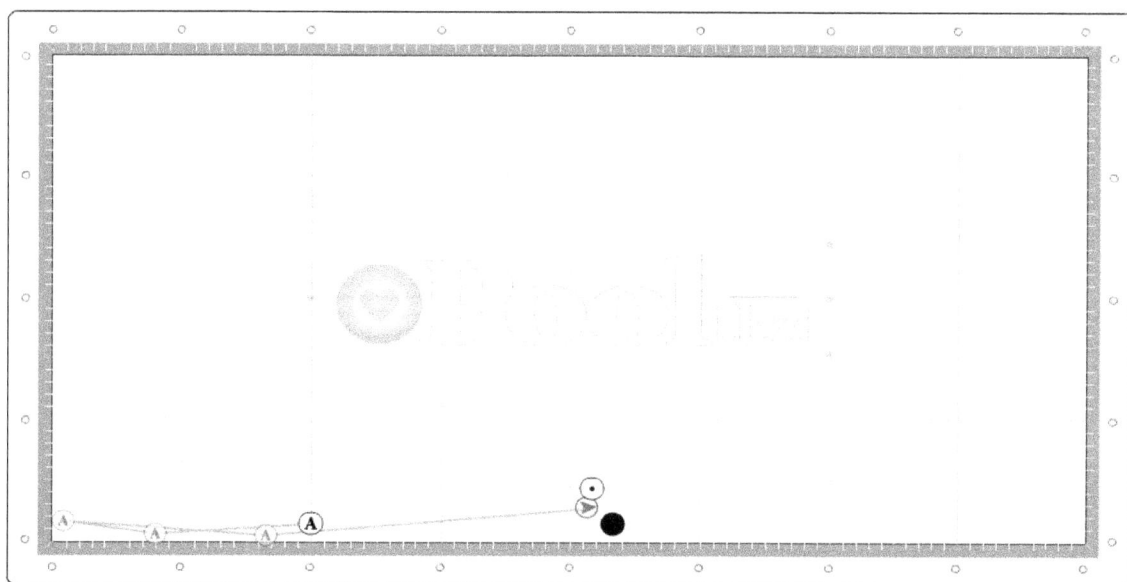

A:2b – Setup

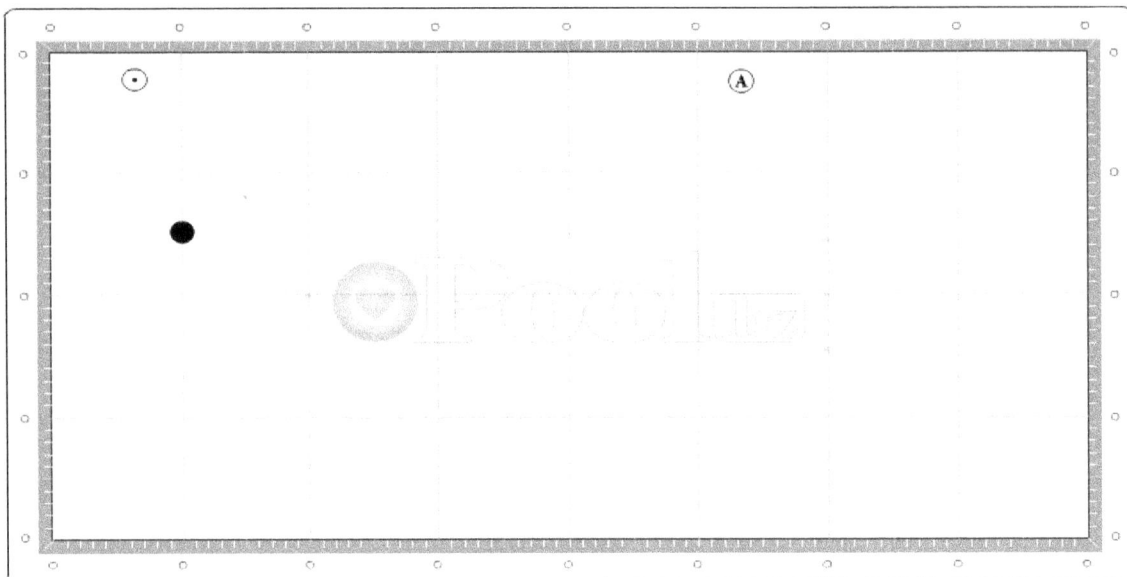

Notater og ideer:

Skudd mønster

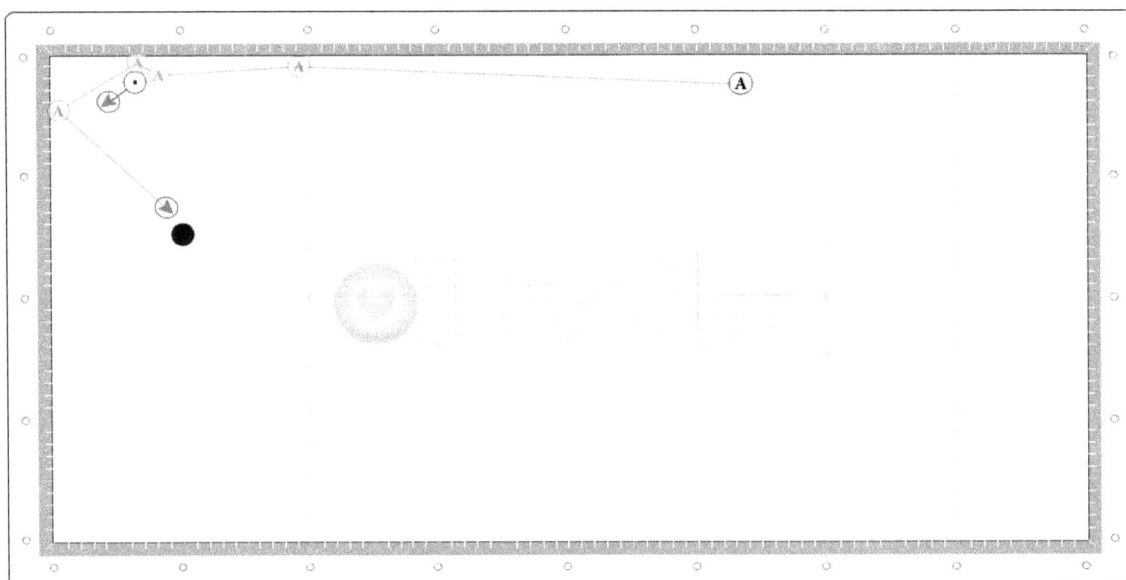

A:2c – Setup

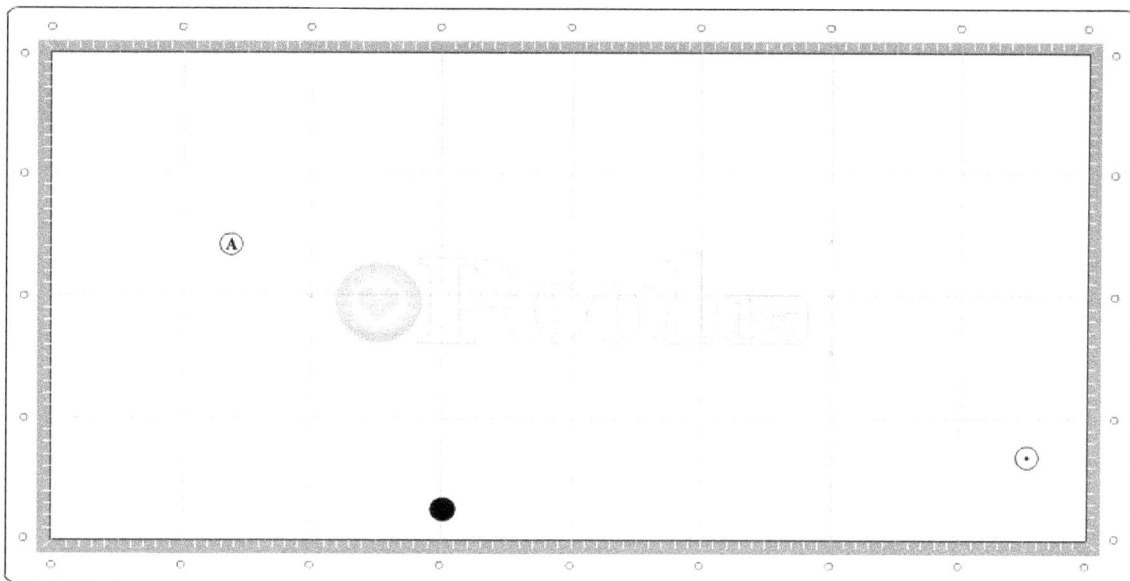

Notater og ideer:

Skudd mønster

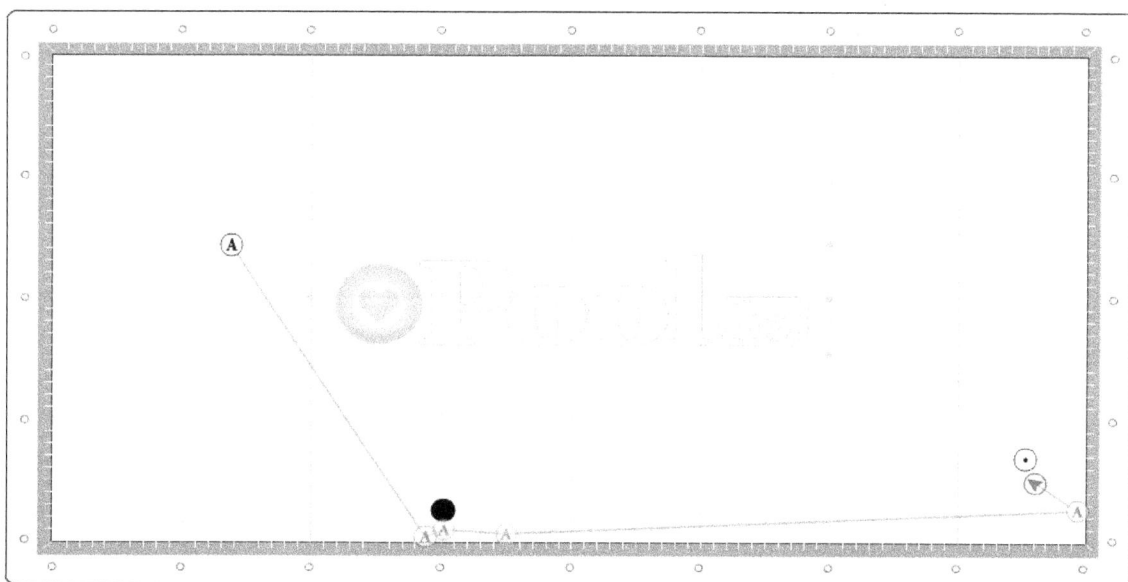

A:2d – Setup

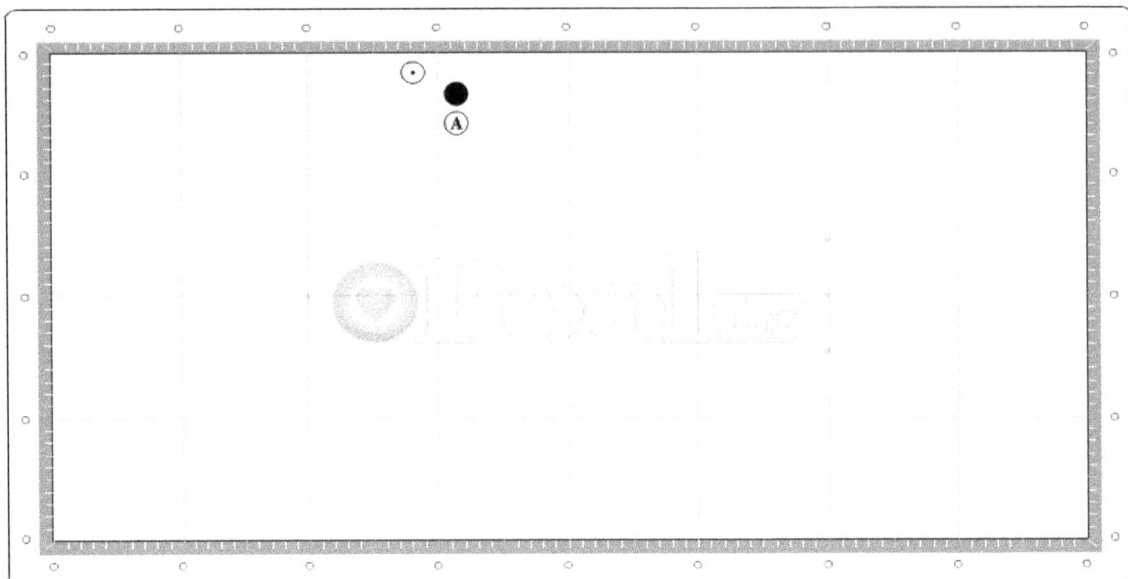

Notater og ideer:

Skudd mønster

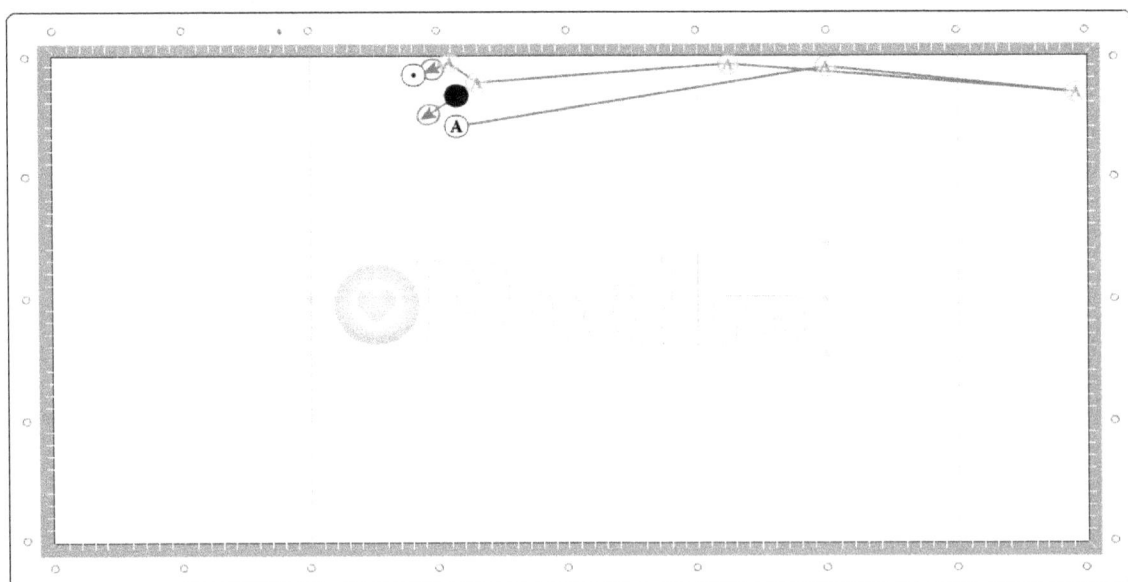

A: Gruppe 3

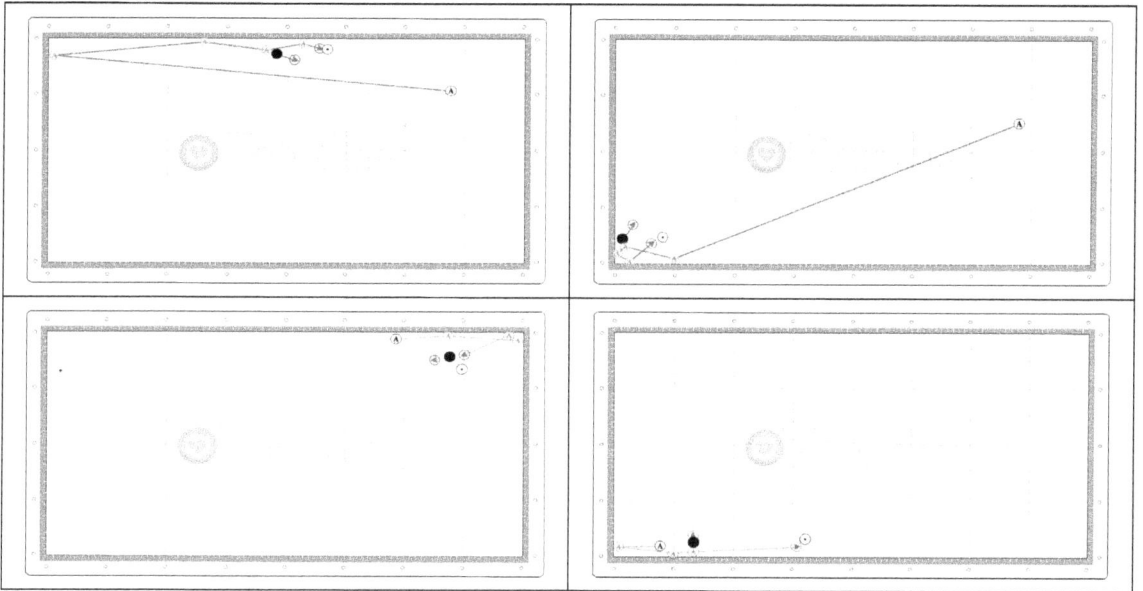

Analyse:

A:3a. _____

A:3b. _____

A:3c. _____

A:3d. _____

A:3a – Setup

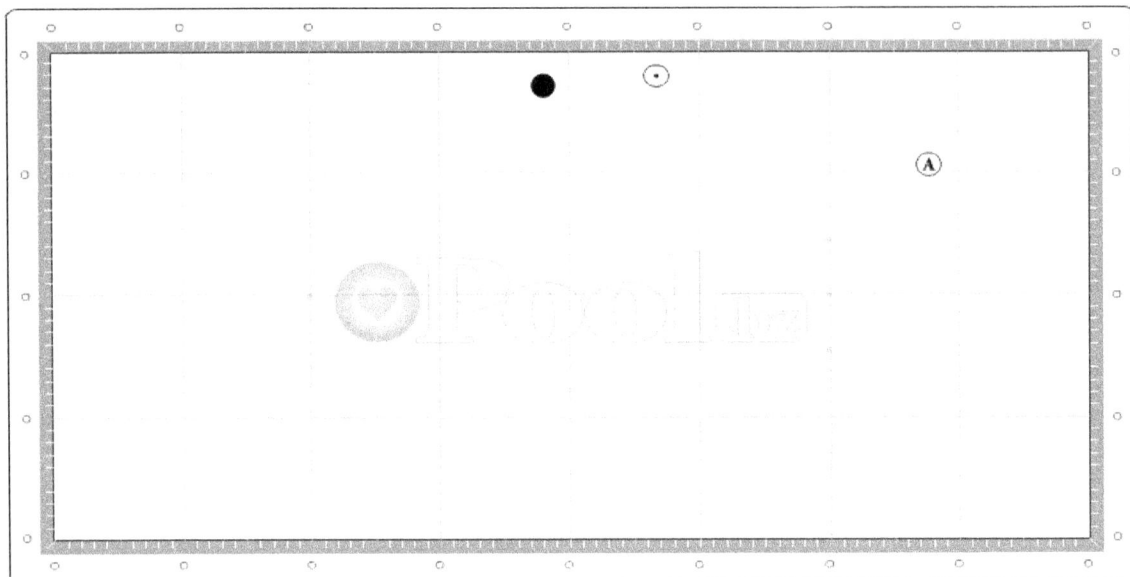

Notater og ideer:

Skudd mønster

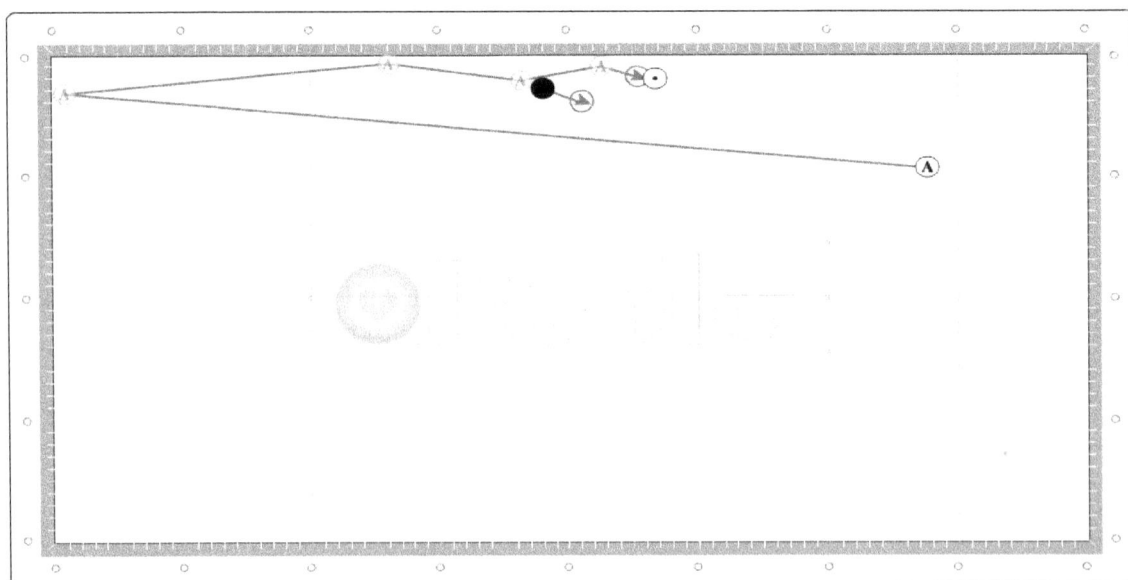

A:3b – Setup

Notater og ideer:

Skudd mønster

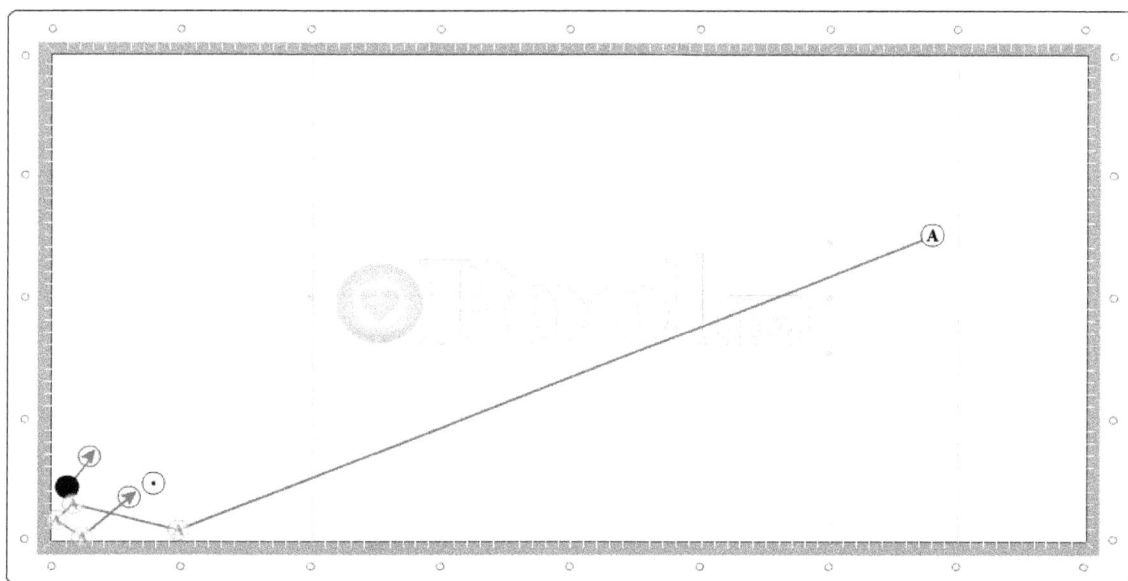

A:3c – Setup

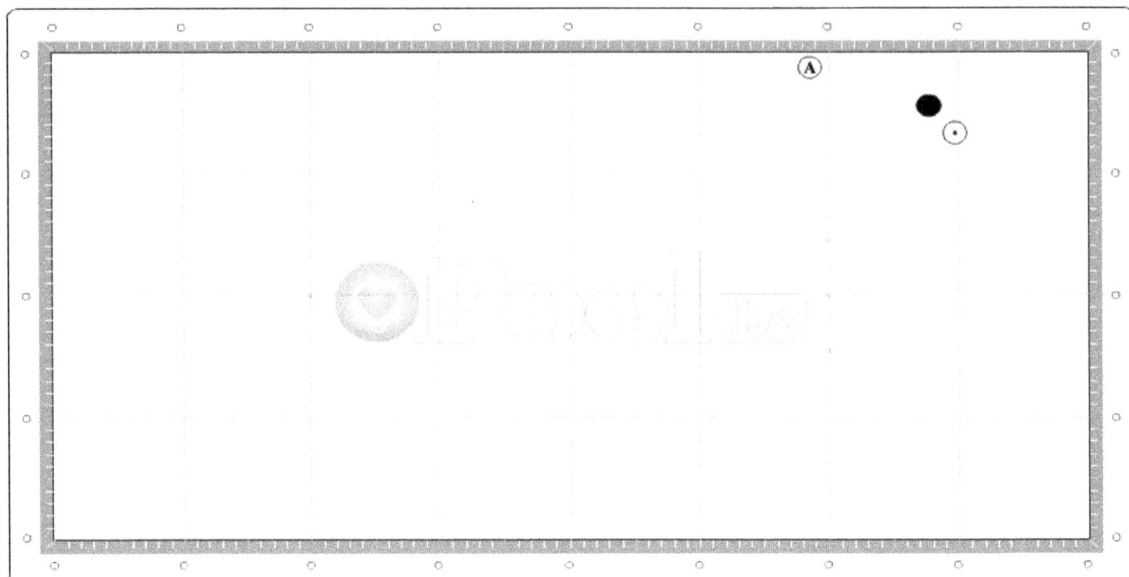

Notater og ideer:

Skudd mønster

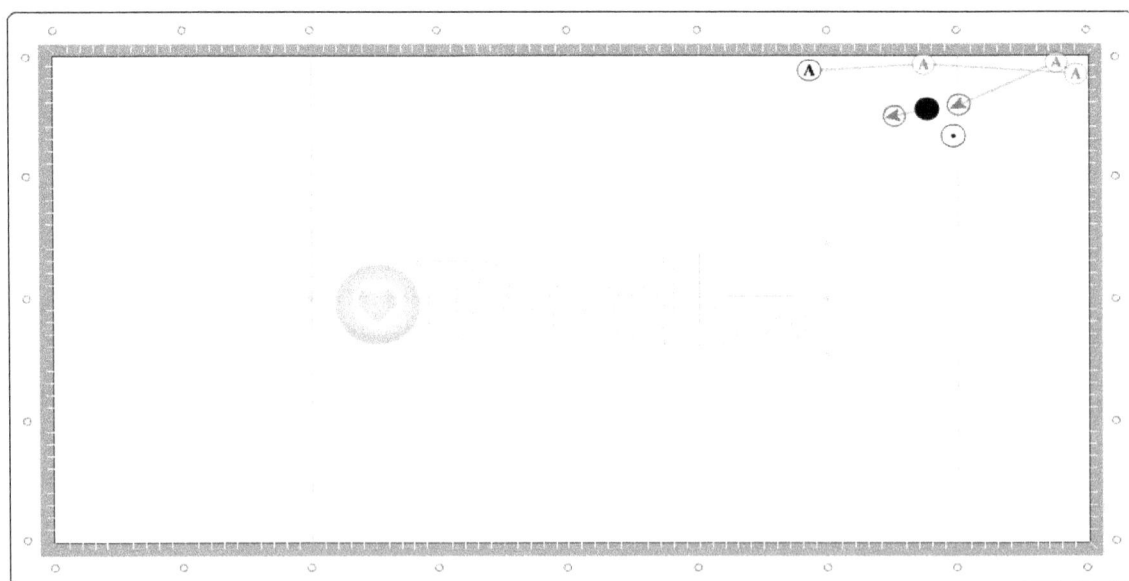

A:3d – Setup

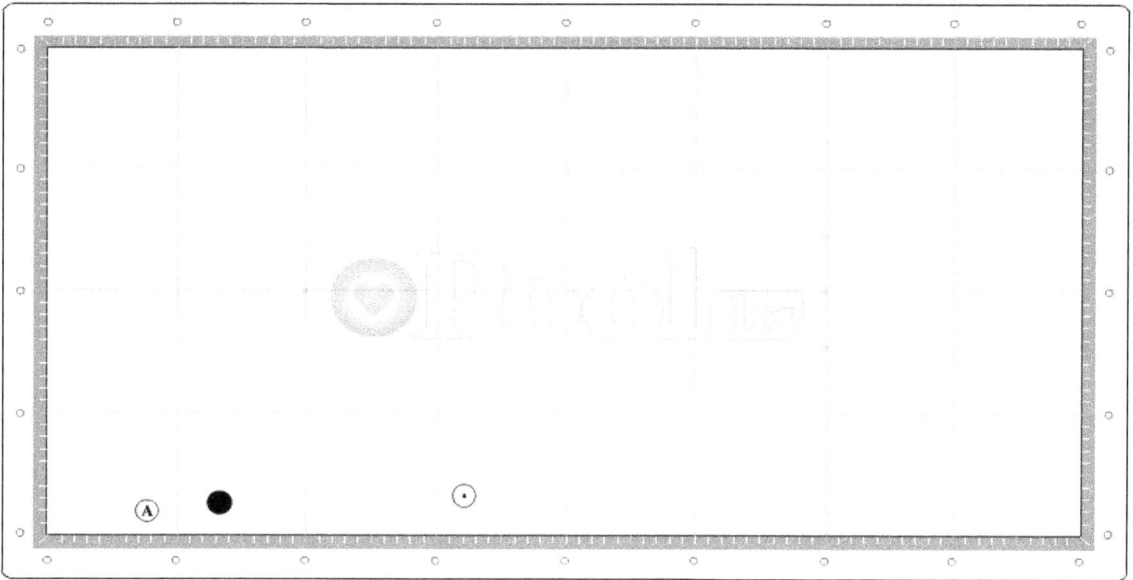

Notater og ideer:

Skudd mønster

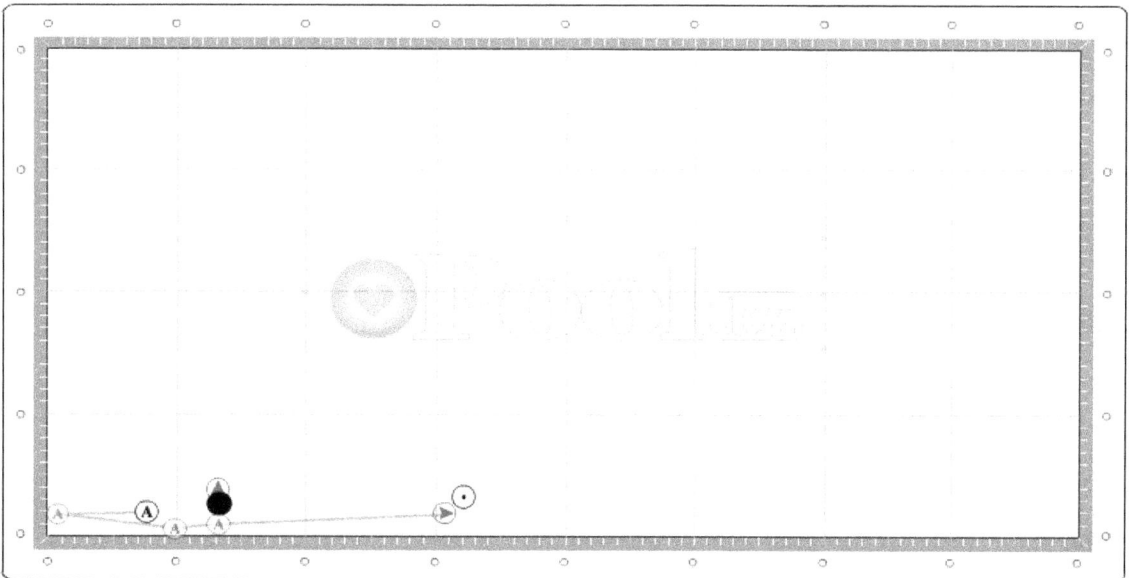

A: Gruppe 4

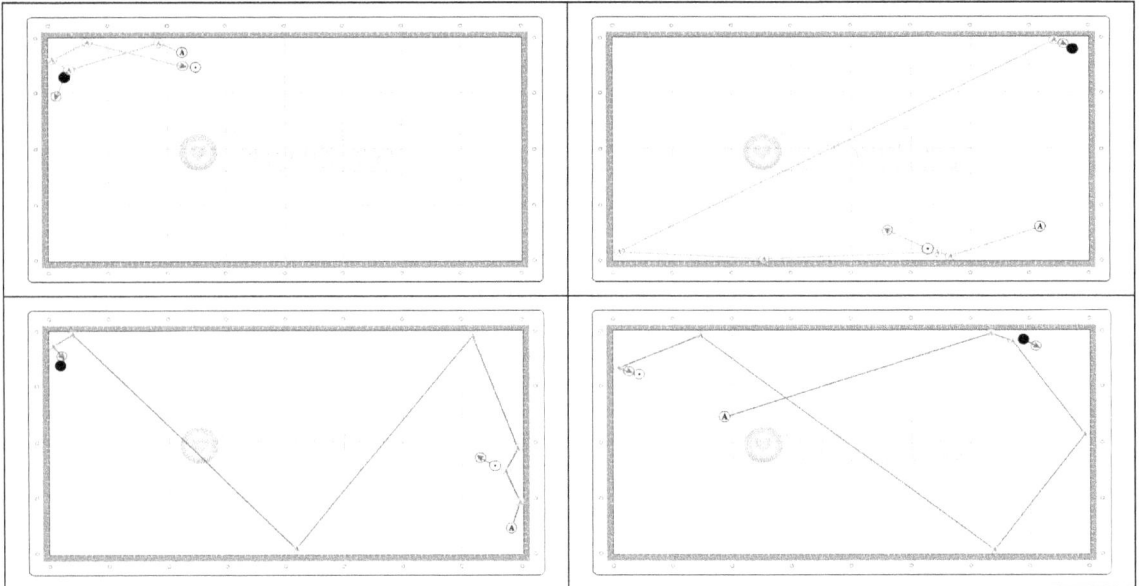

Analyse:

A:4a. _____

A:4b. _____

A:4c. _____

A:4d. _____

A:4a – Setup

Notater og ideer:

Skudd mønster

A:4b – Setup

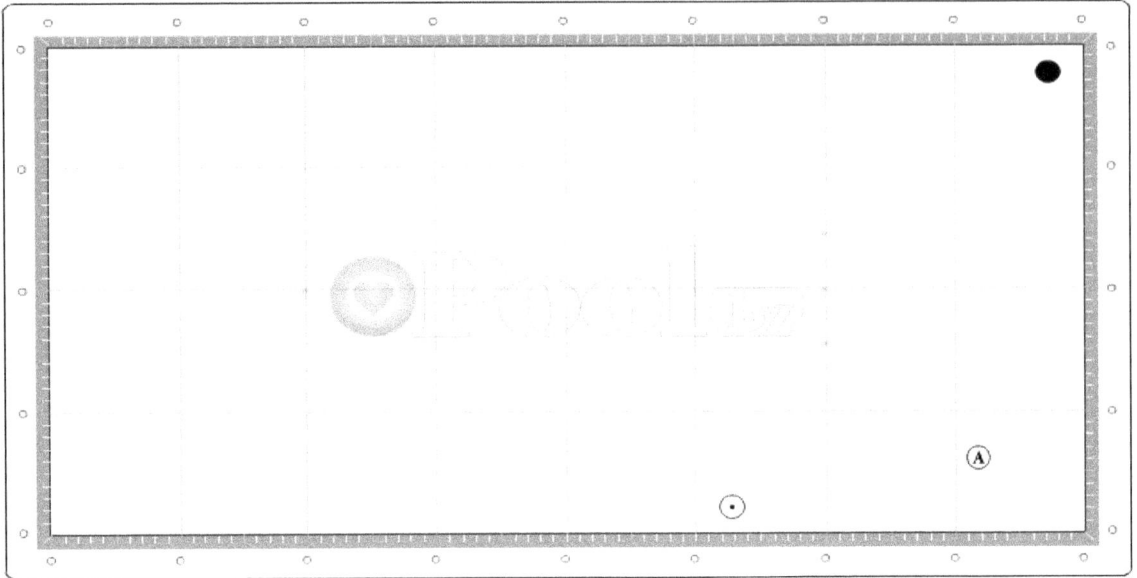

Notater og ideer:

Skudd mønster

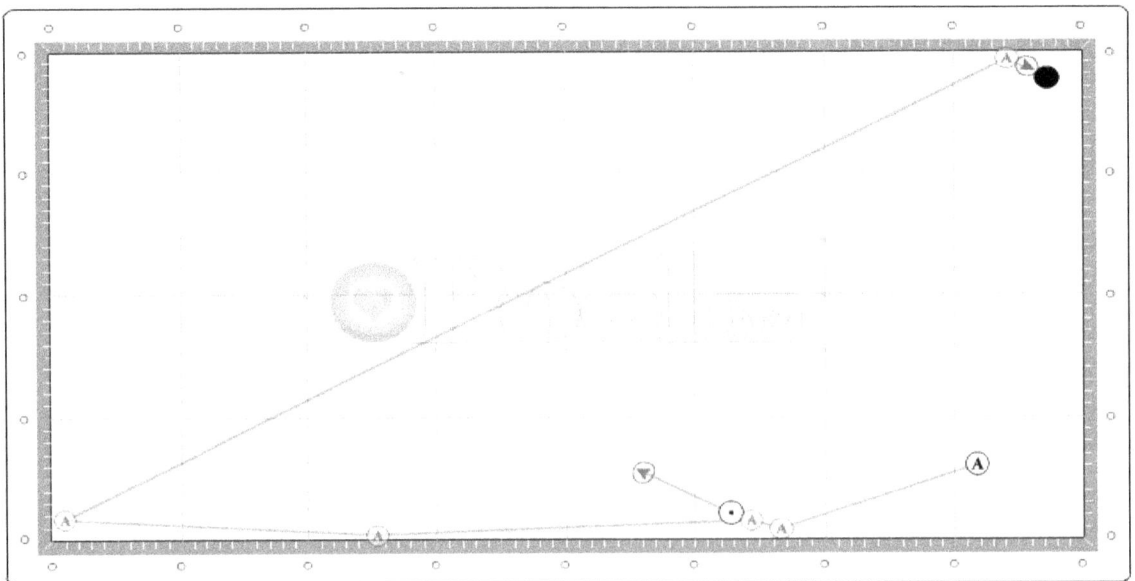

A:4c – Setup

Notater og ideer:

Skudd mønster

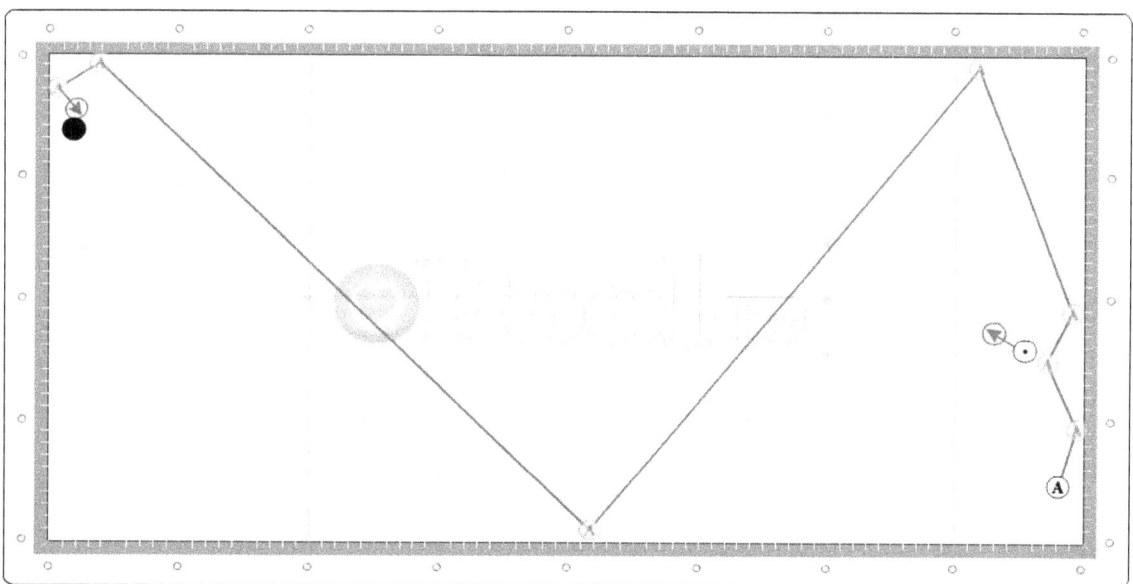

A:4d – Setup

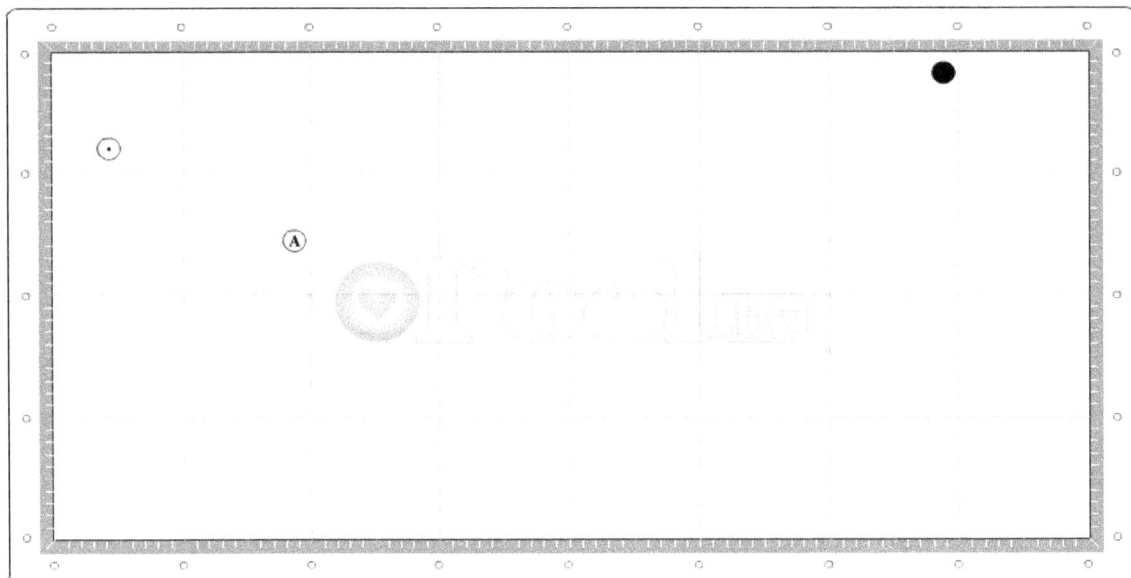

Notater og ideer:

Skudd mønster

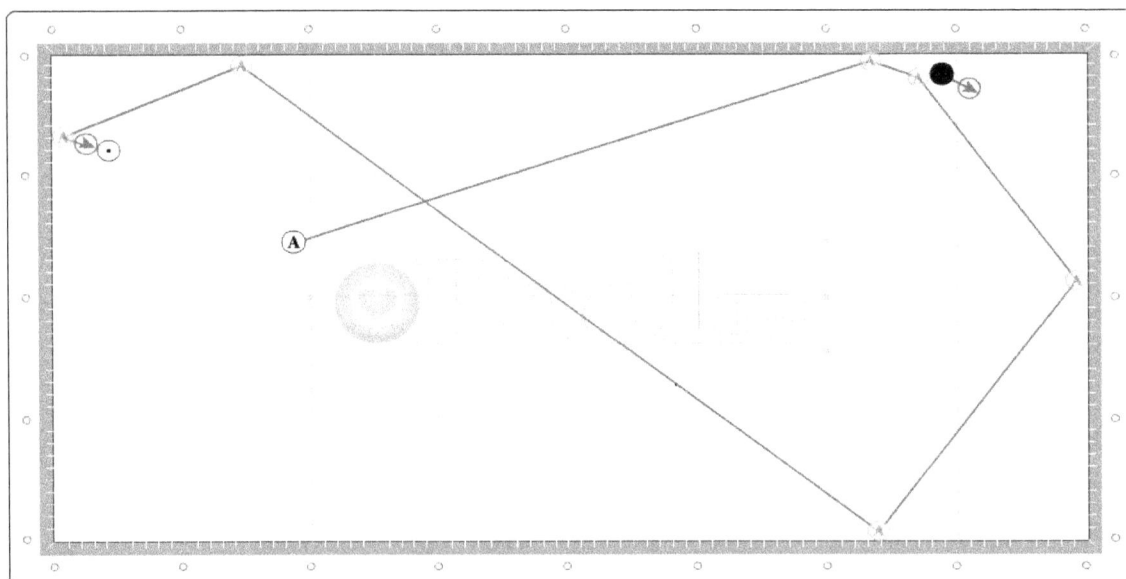

B: Opp og nedover siden

(CB) bruker sidespinn for å gjøre alle vant kontakter langs en vant.

Ⓐ (CB) (biljardkule) - ⦿ (OB) (motstander billiardball) - ● (OB) (rød biljardball)

B: Gruppe 1

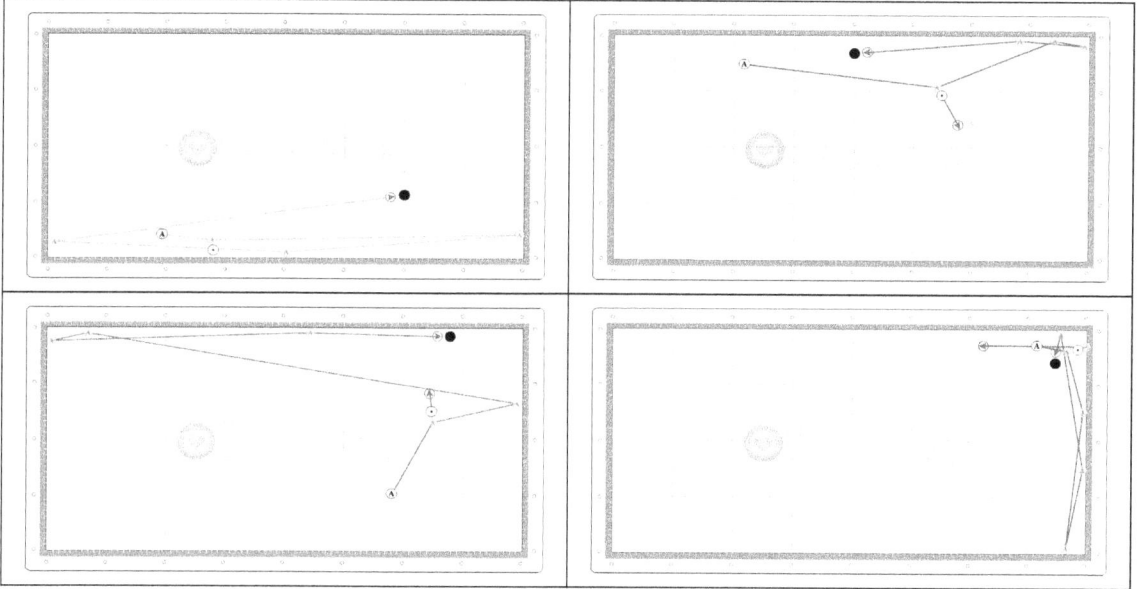

Analyse:

B:1a. _____

B:1b. _____

B:1c. _____

B:1d. _____

B:1a – Setup

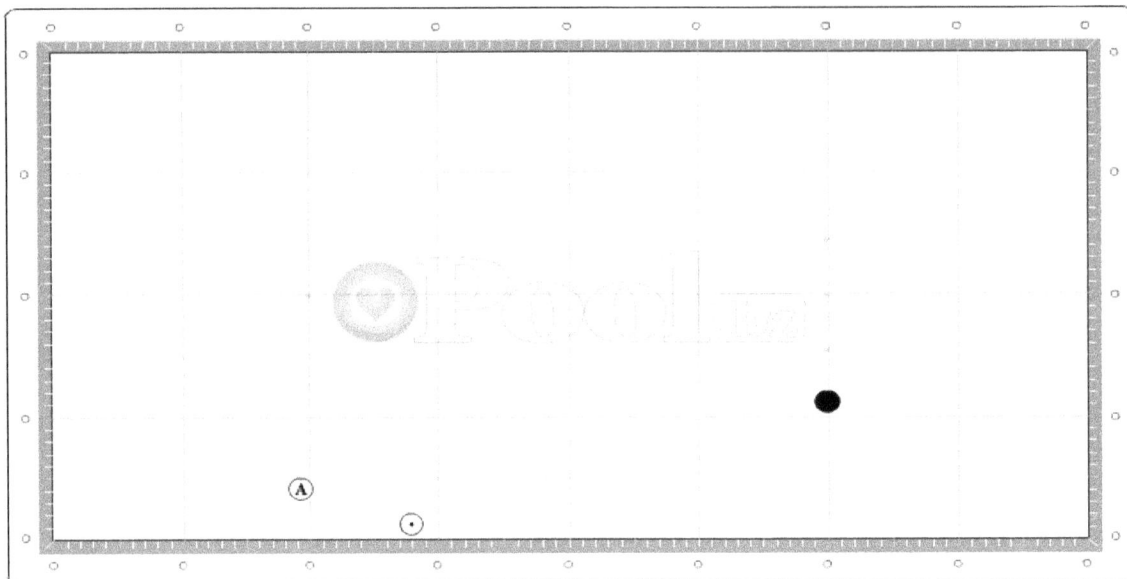

Notater og ideer:

Skudd mønster

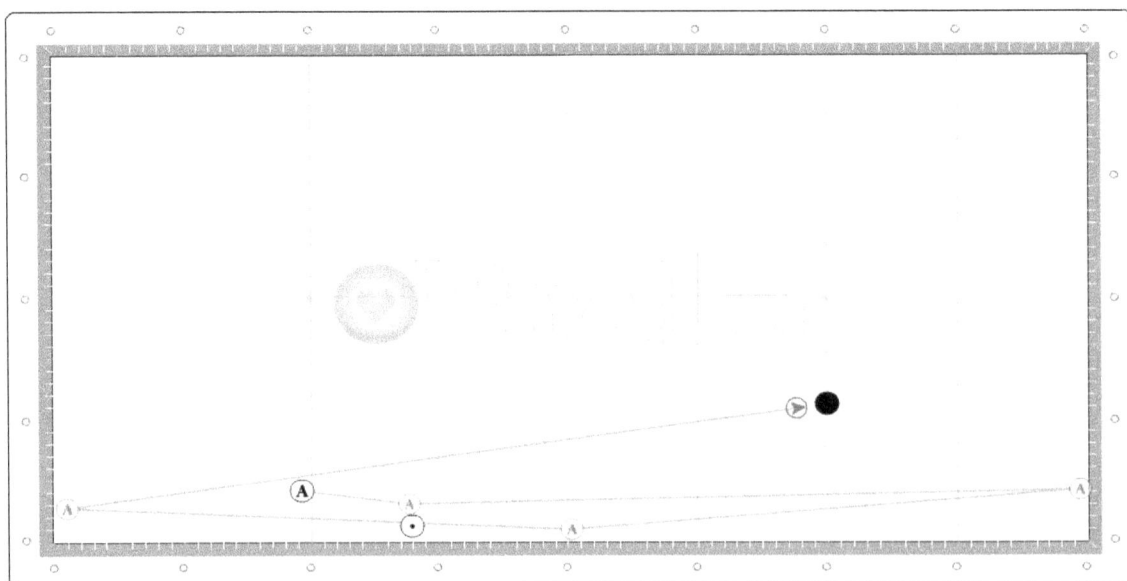

B:1b – Setup

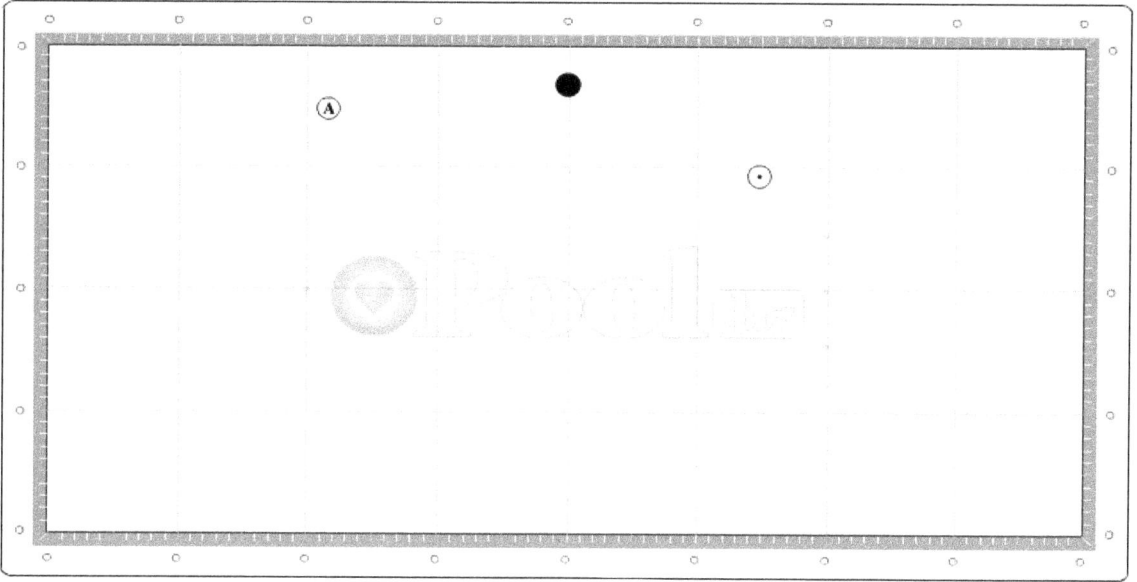

Notater og ideer:

Skudd mønster

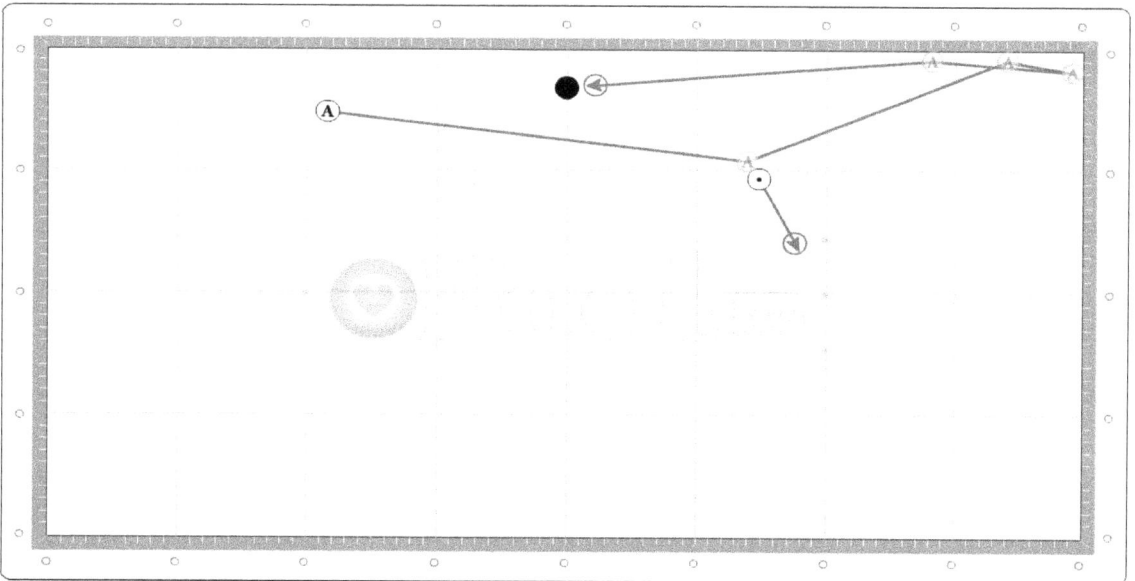

B:1c – Setup

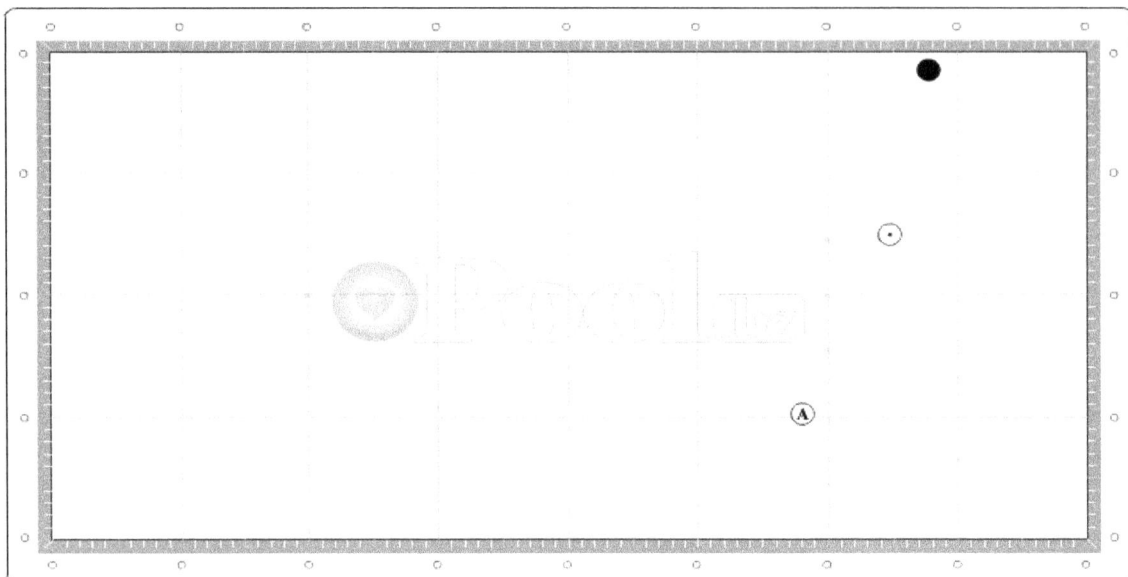

Notater og ideer:

Skudd mønster

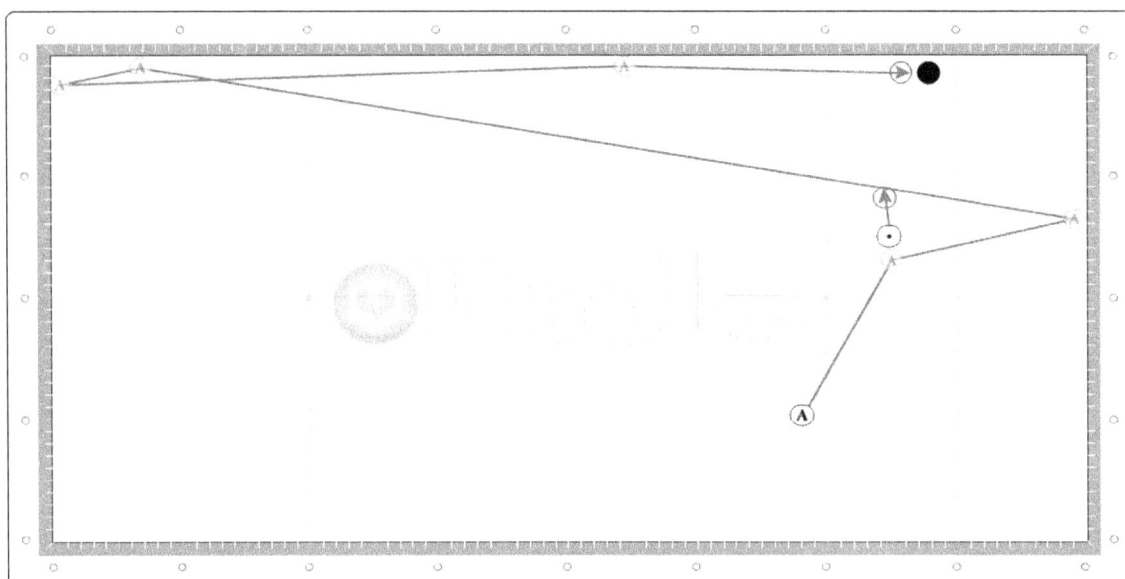

B:1d – Setup

Notater og ideer:

Skudd mønster

B: Gruppe 2

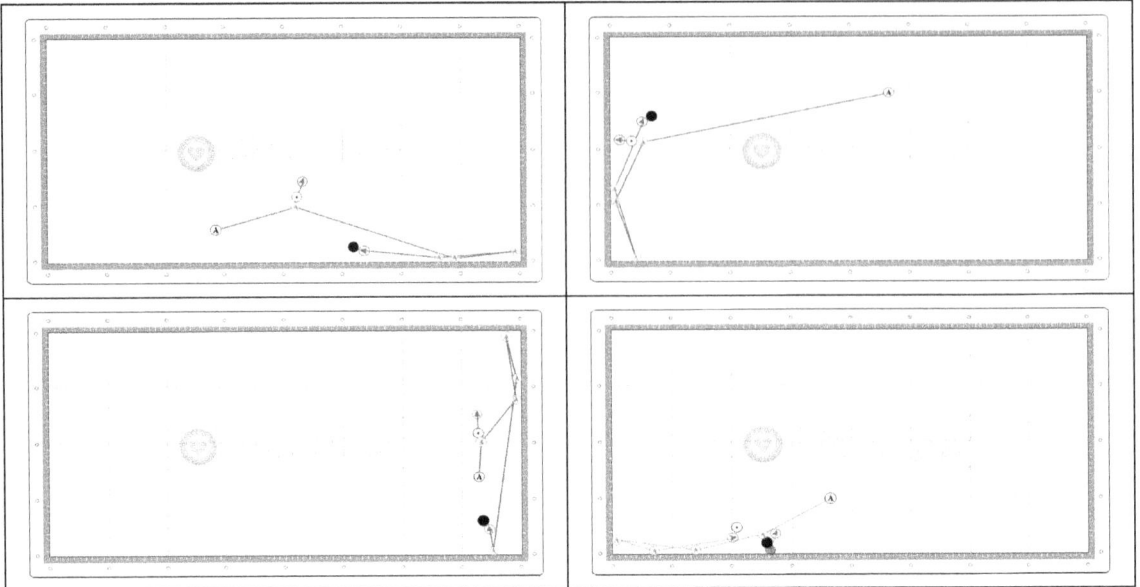

Analyse:

A:1a. _____

A:1b. _____

A:1c. _____

A:1d. _____

B:2a – Setup

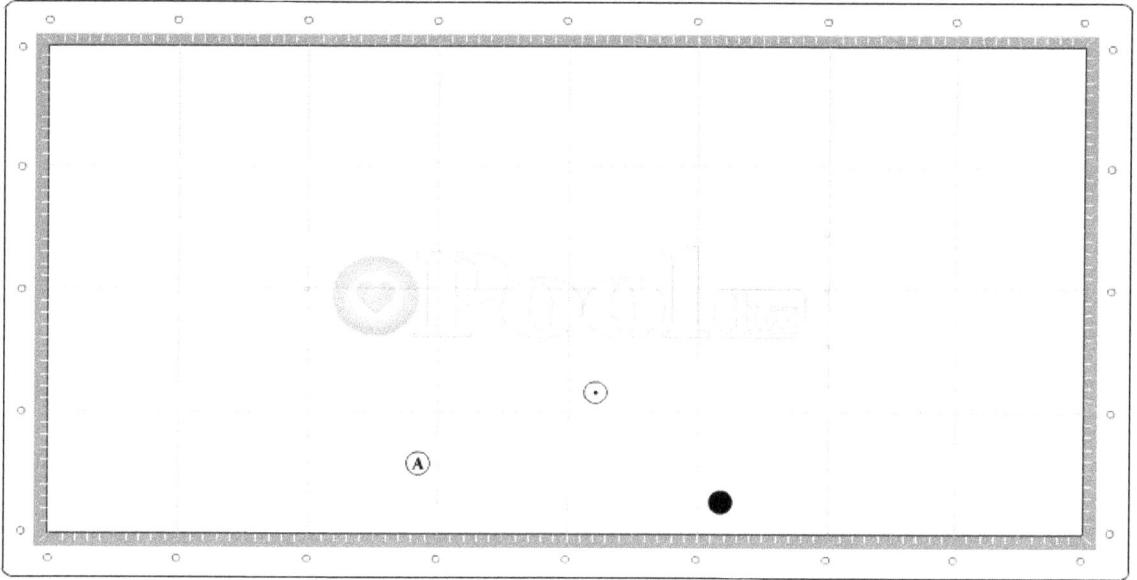

Notater og ideer:

Skudd mønster

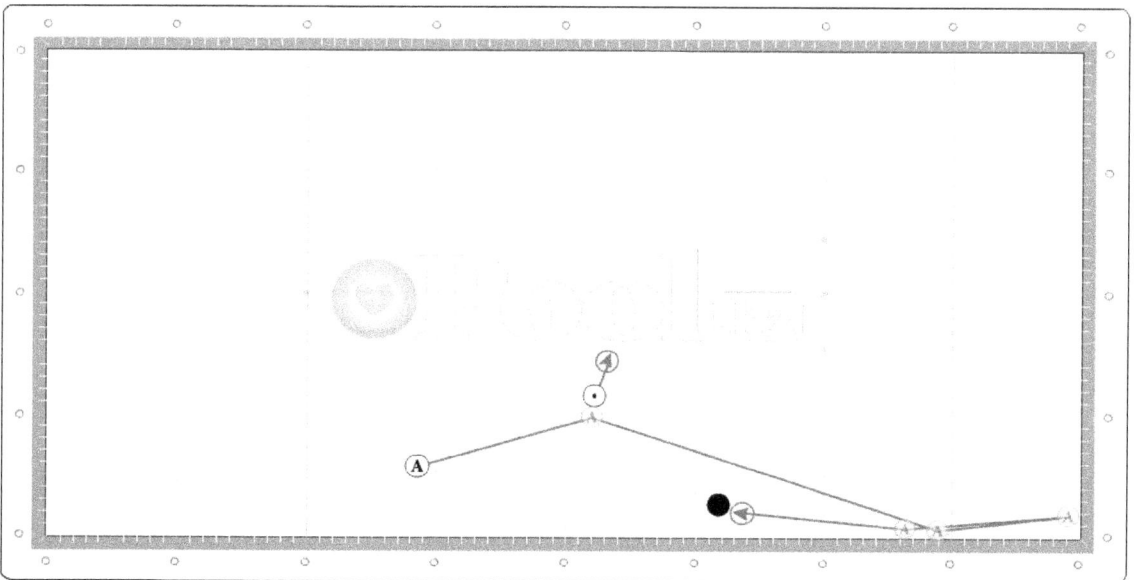

B:2b – Setup

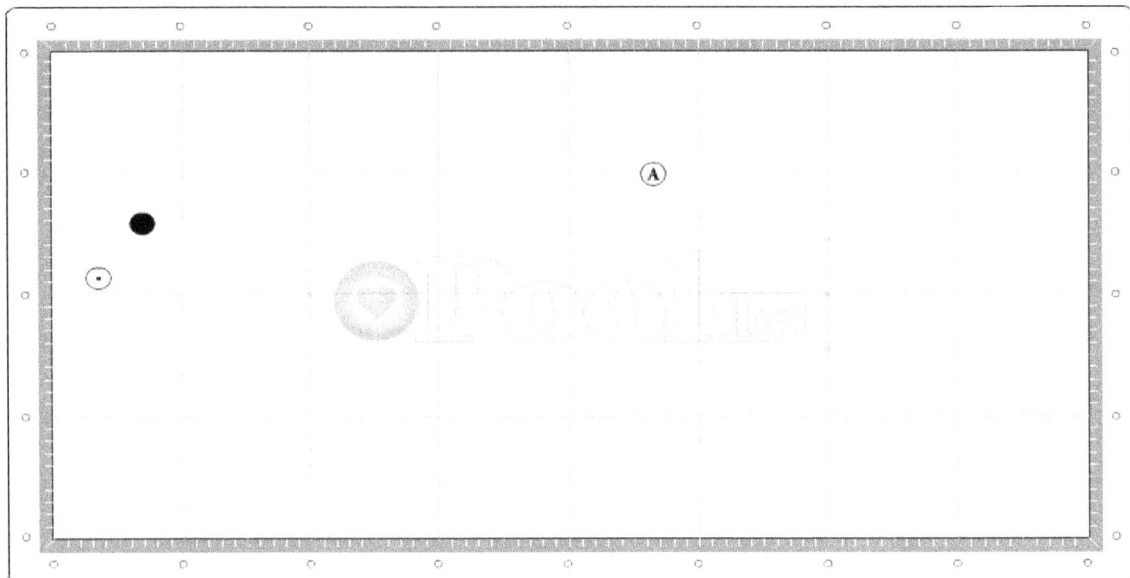

Notater og ideer:

Skudd mønster

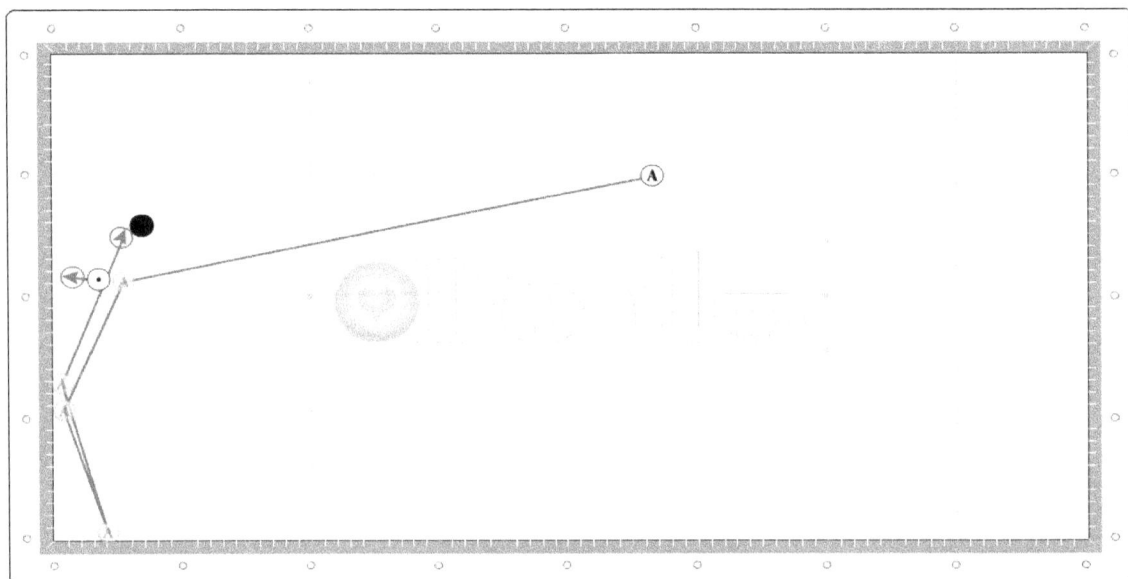

B:2c – Setup

Notater og ideer:

Skudd mønster

B:2d – Setup

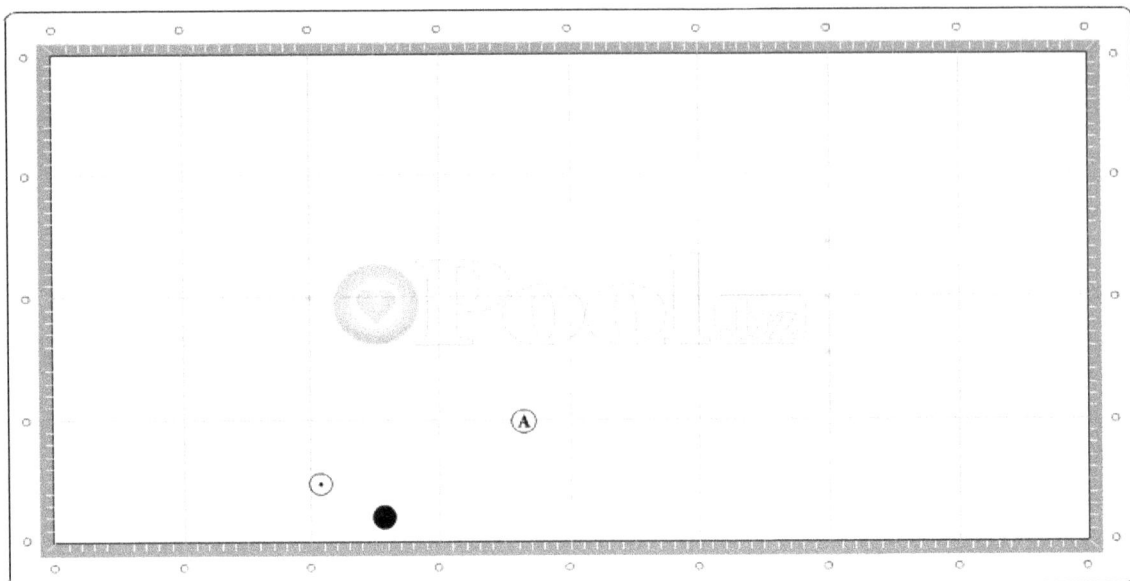

Notater og ideer:

Skudd mønster

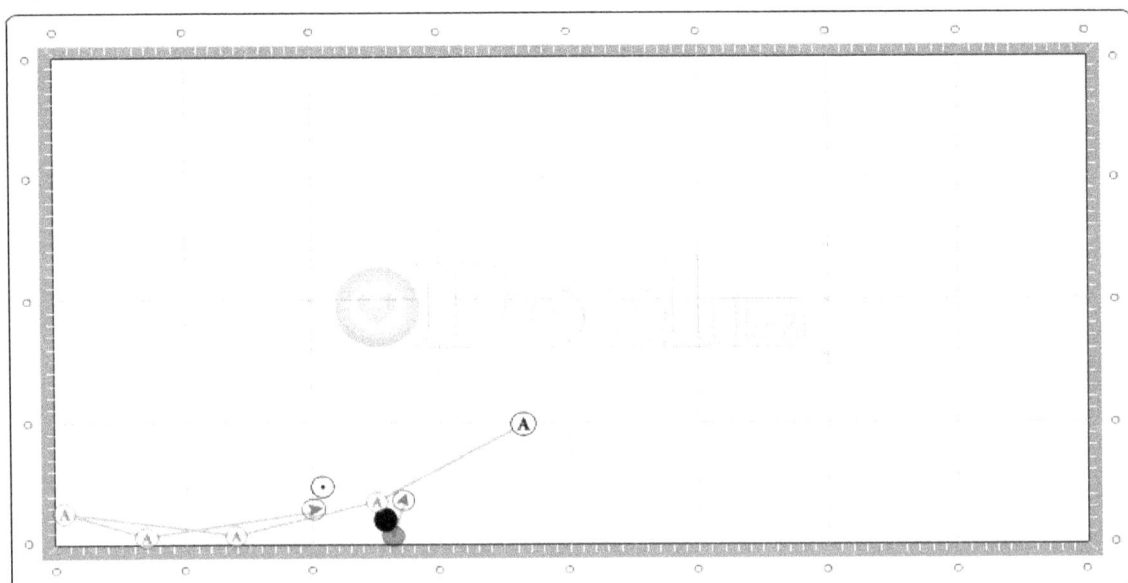

B: Gruppe 3

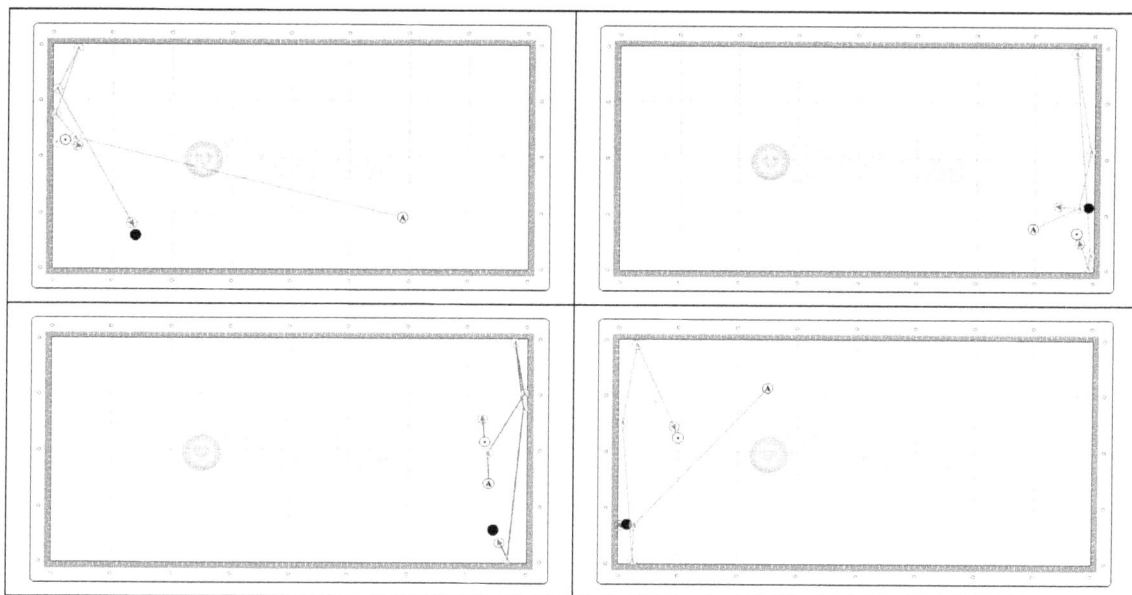

Analyse:

B:3a. _____

B:3b. _____

B:3c. _____

B:3d. _____

B:3a – Setup

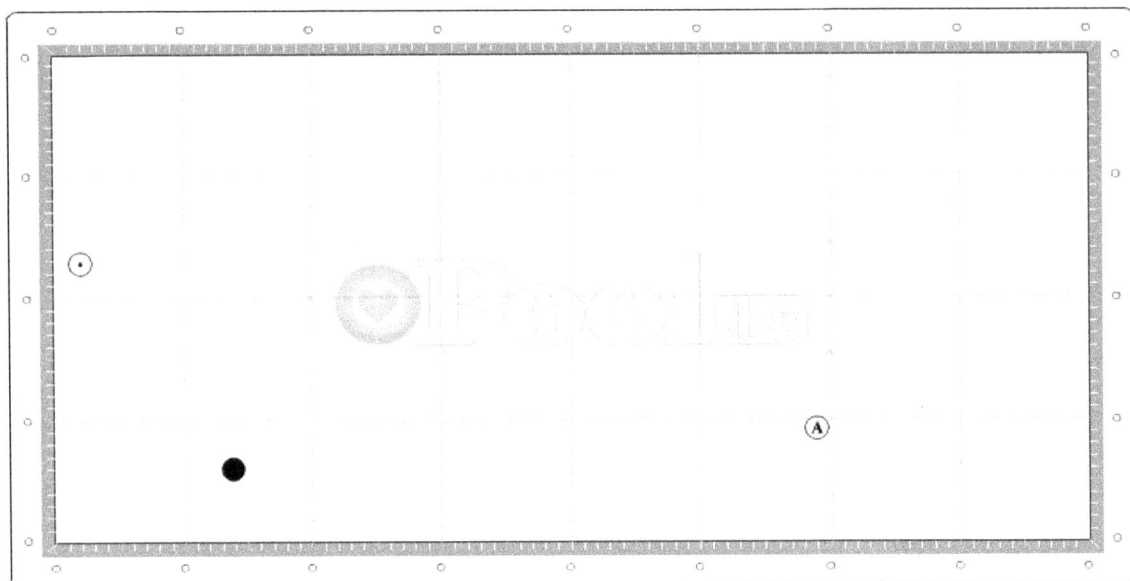

Notater og ideer:

Skudd mønster

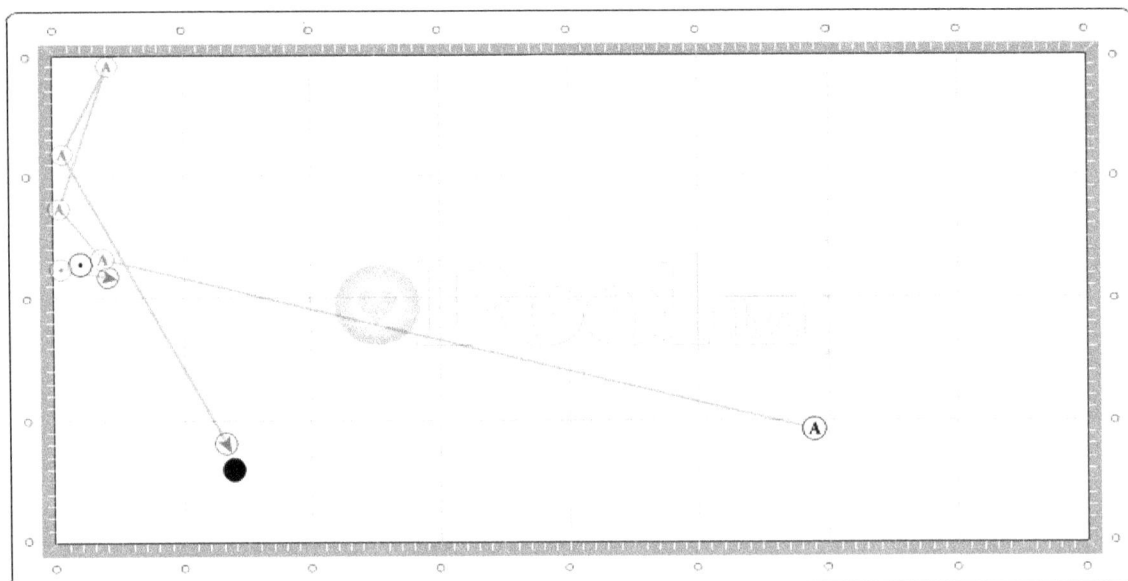

B:3b – Setup

Notater og ideer:

Skudd mønster

B:3c – Setup

Notater og ideer:

Skudd mønster

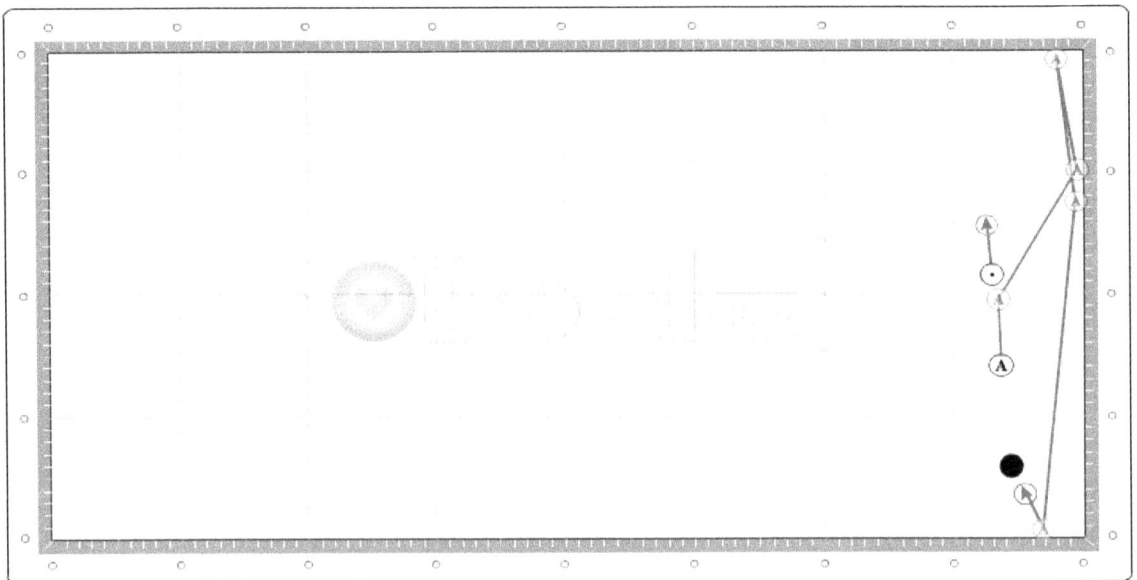

B:3d – Setup

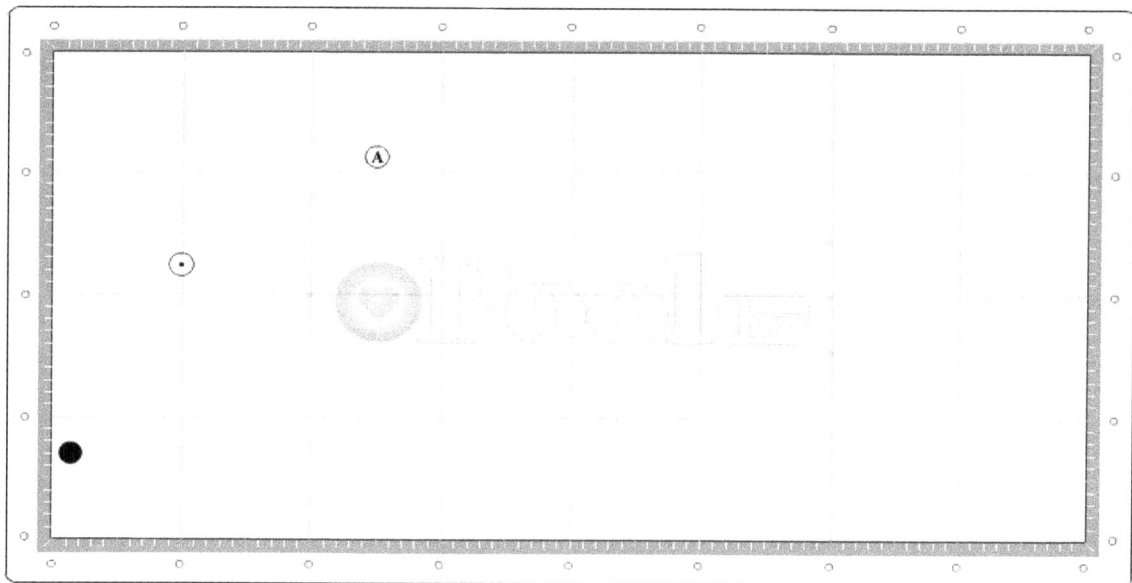

Notater og ideer:

Skudd mønster

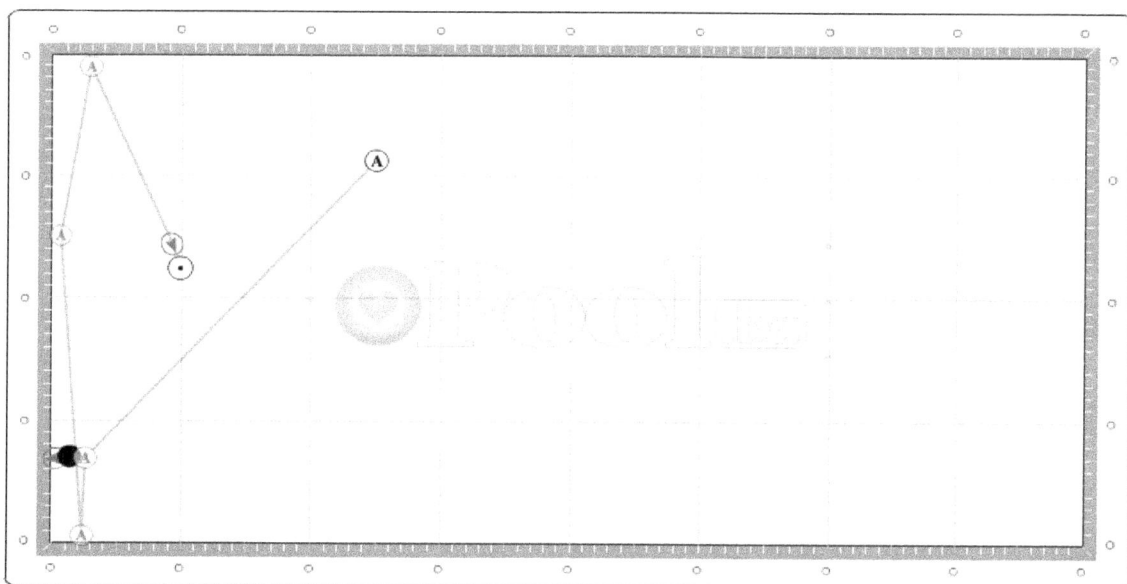

B: Gruppe 4

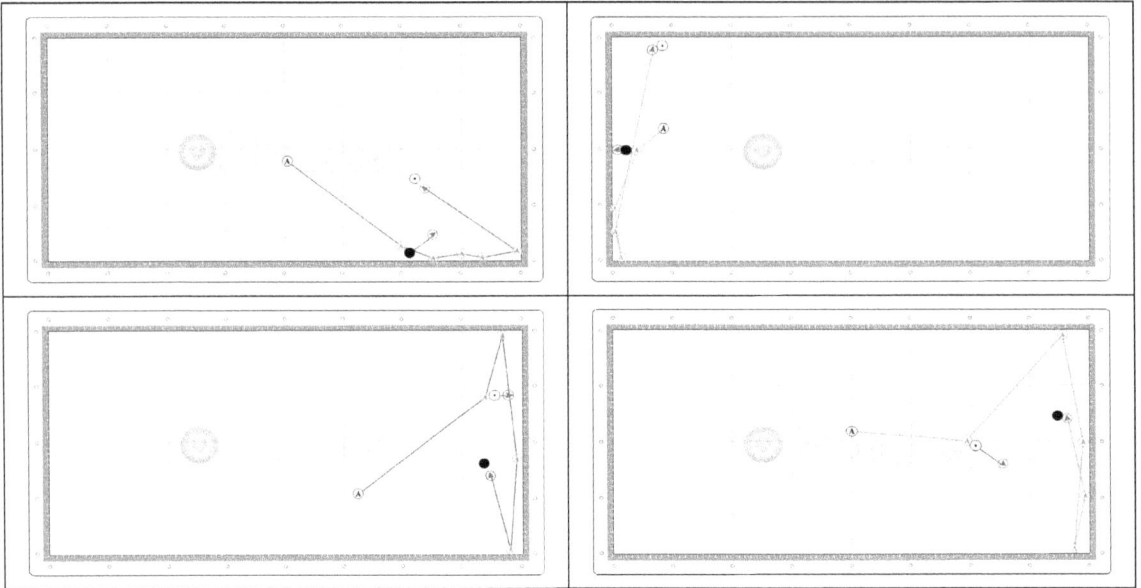

Analyse:

B:4a. _____

B:4b. _____

B:4c. _____

B:4d. _____

B:4a – Setup

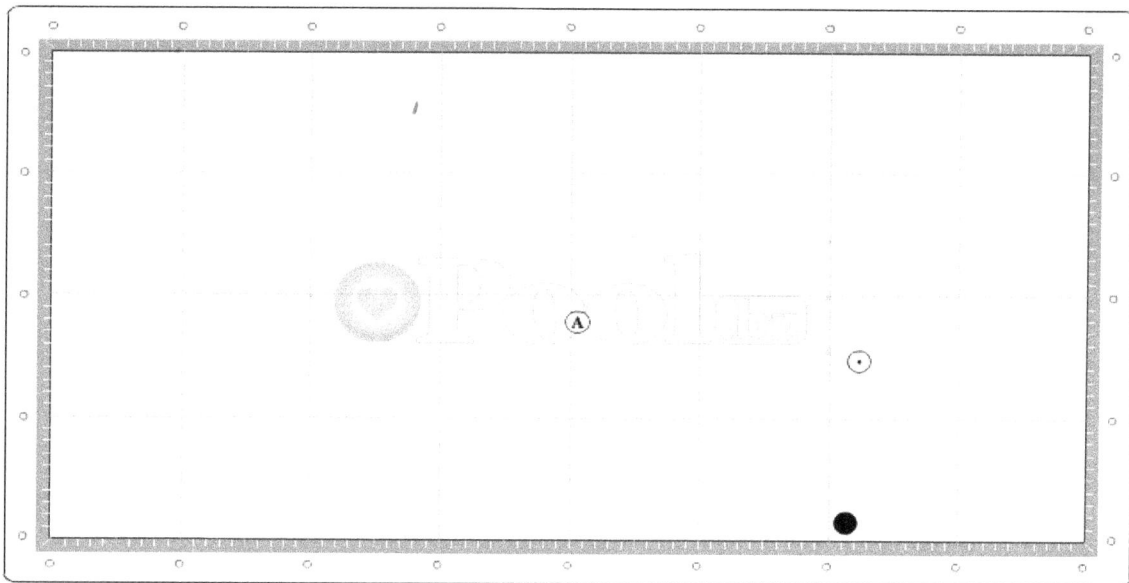

Notater og ideer:

Skudd mønster

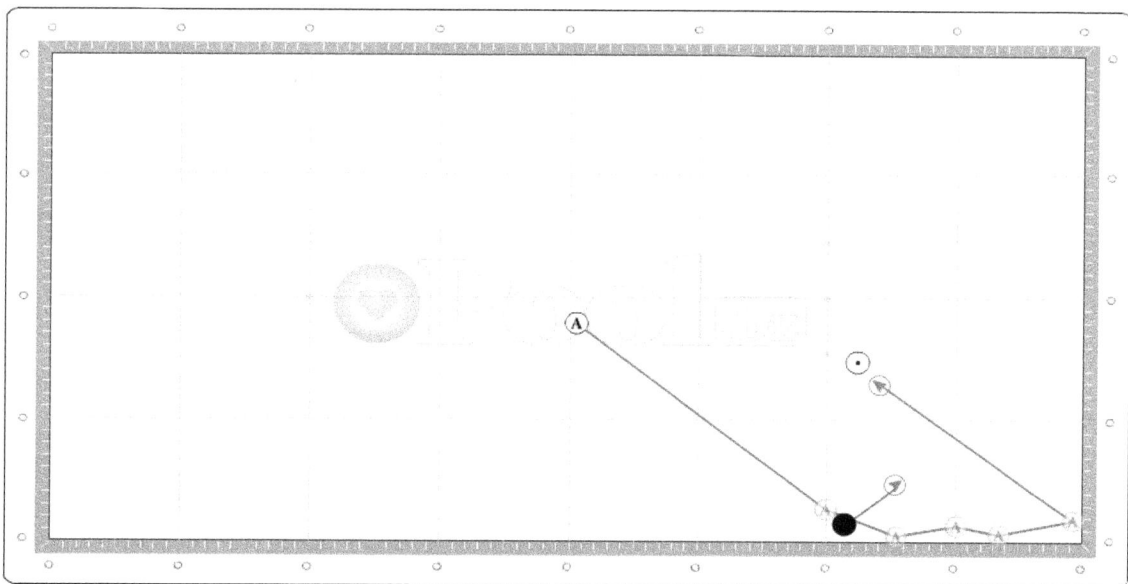

B:4b – Setup

Notater og ideer:

Skudd mønster

B:4c – Setup

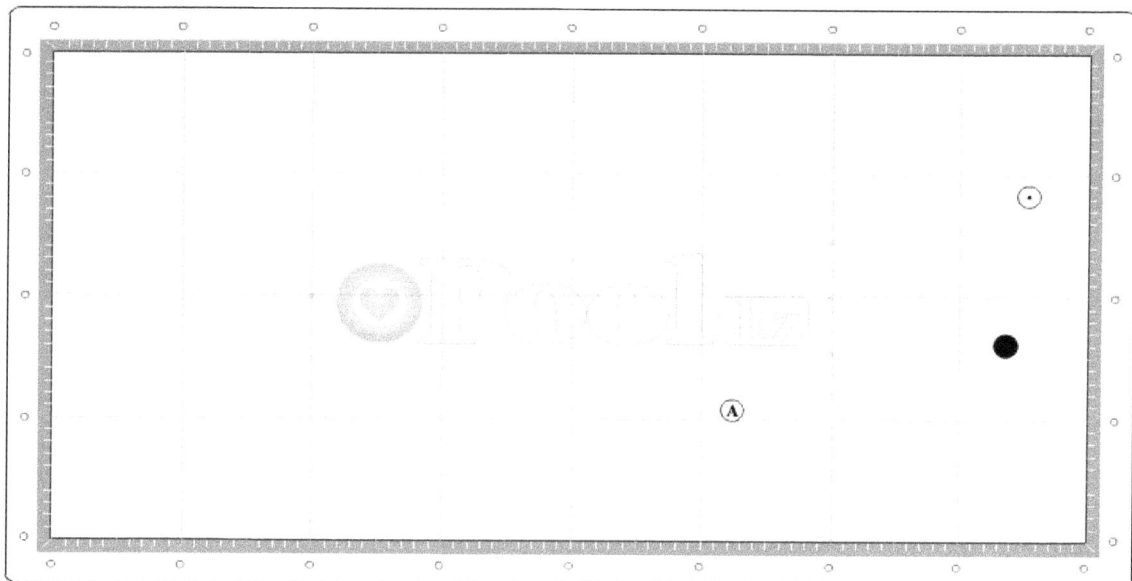

Notater og ideer:

Skudd mønster

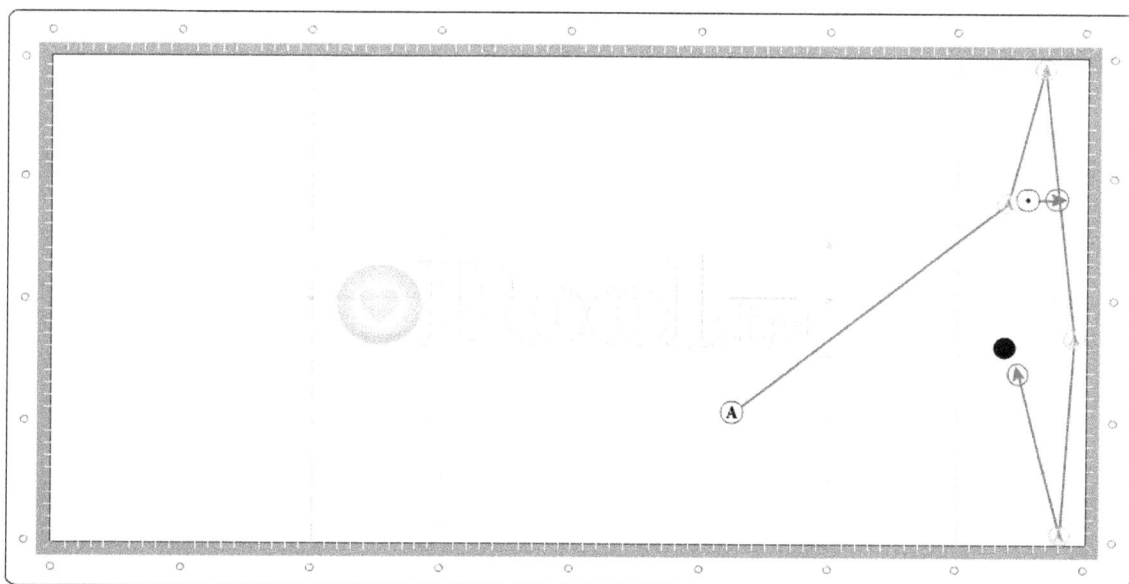

B:4d – Setup

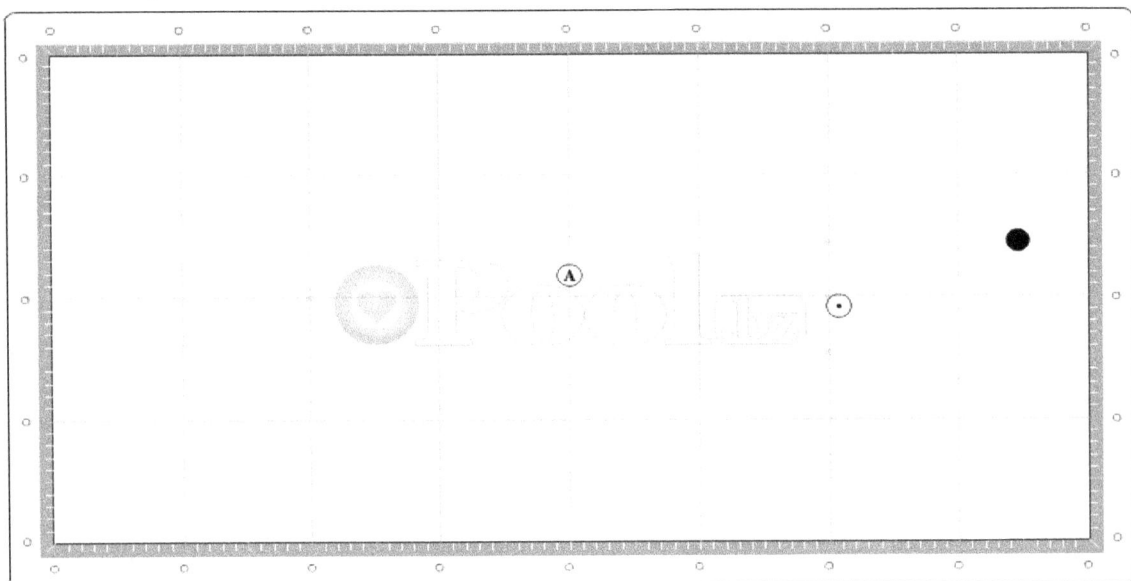

Notater og ideer:

Skudd mønster

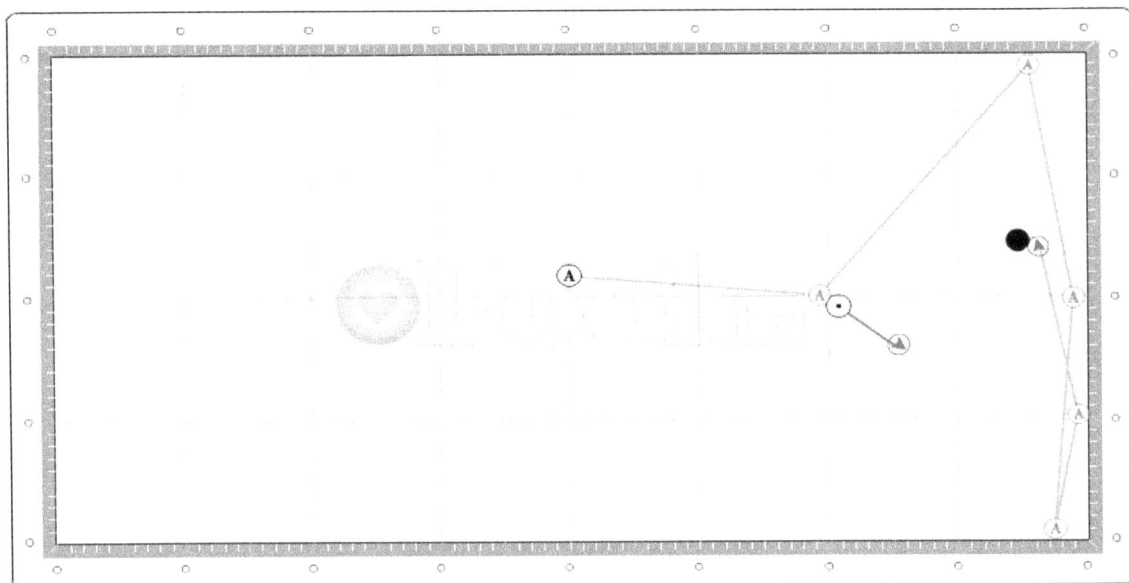

C: Zigging og zagging

Den (CB) må reise frem og tilbake, zig til zagside, mange ganger. Dette er mye moro å eksperimentere.

(A) (CB) (biljardkule) - (·) (OB) (motstander billiardball) - ● (OB) (rød biljardball)

C: Gruppe 1

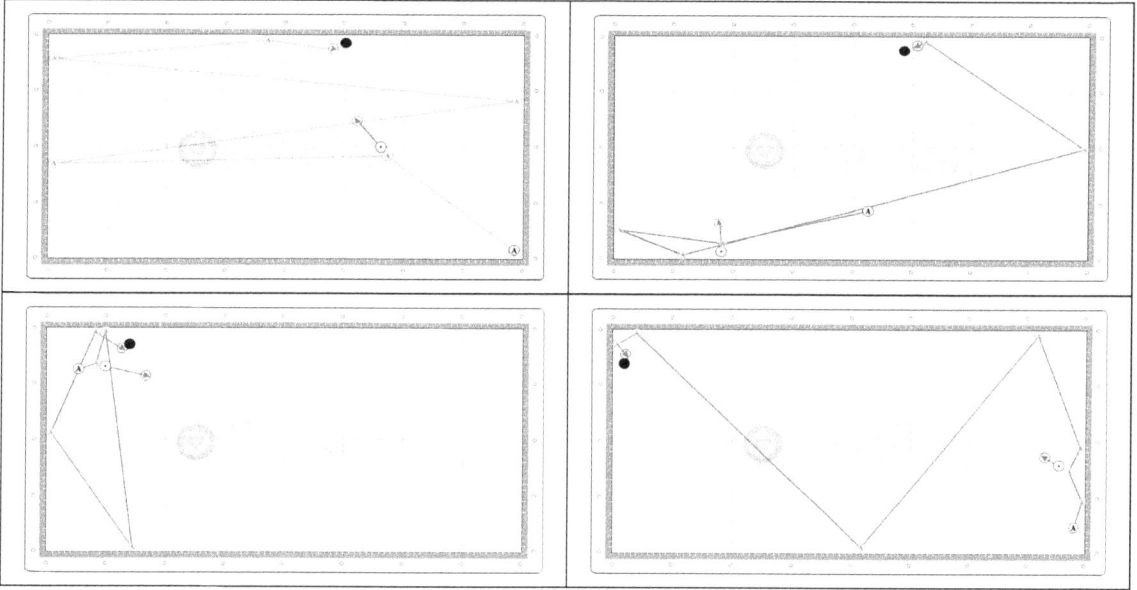

Analyse:

C:1a. _____

C:1b. _____

C:1c. _____

C:1d. _____

C:1a – Setup

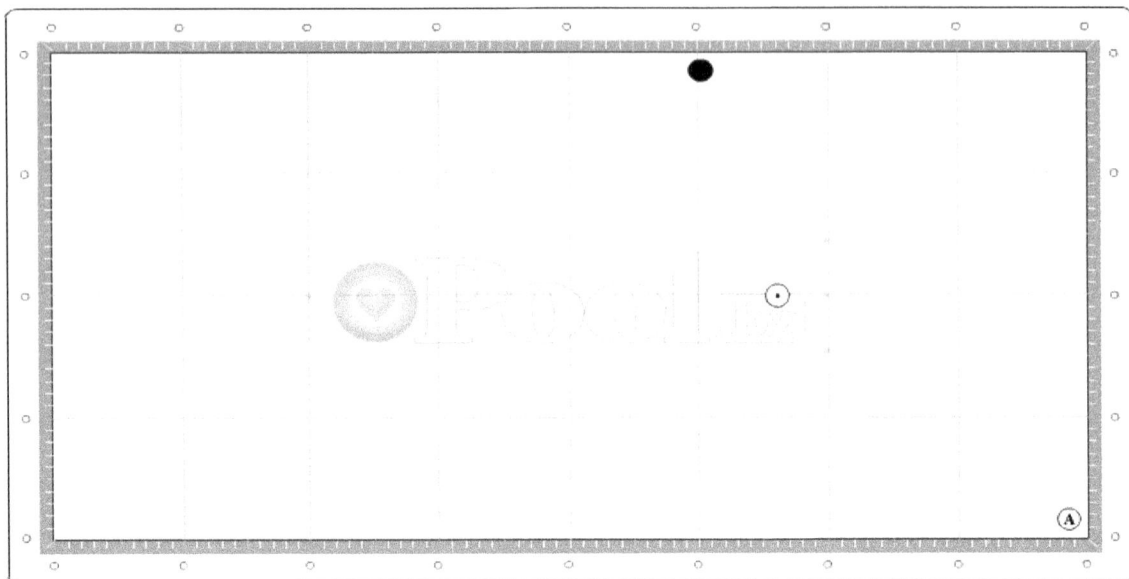

Notater og ideer:

Skudd mønster

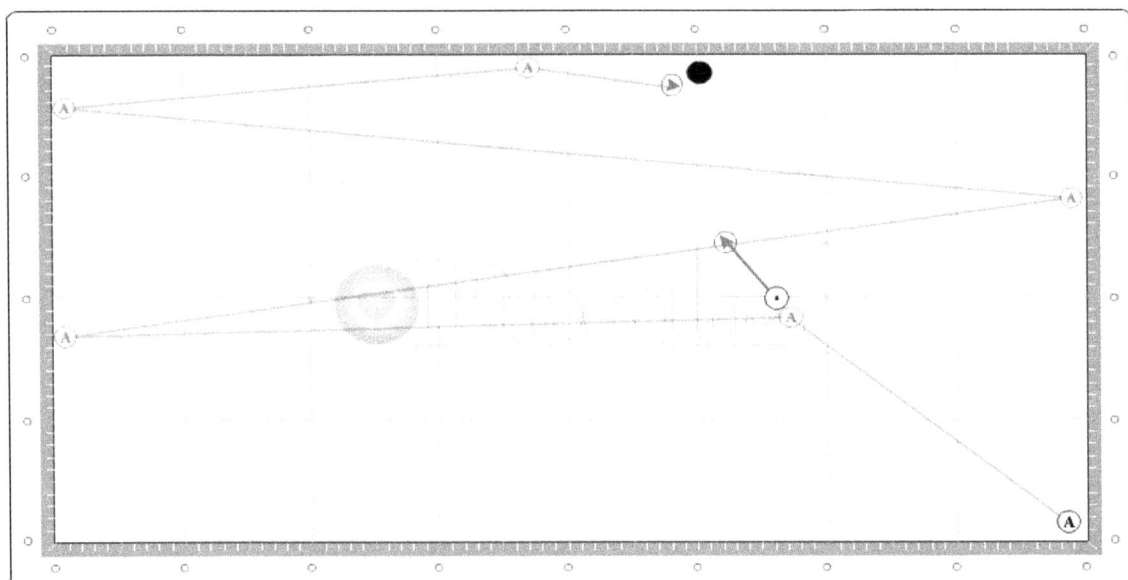

C:1b – Setup

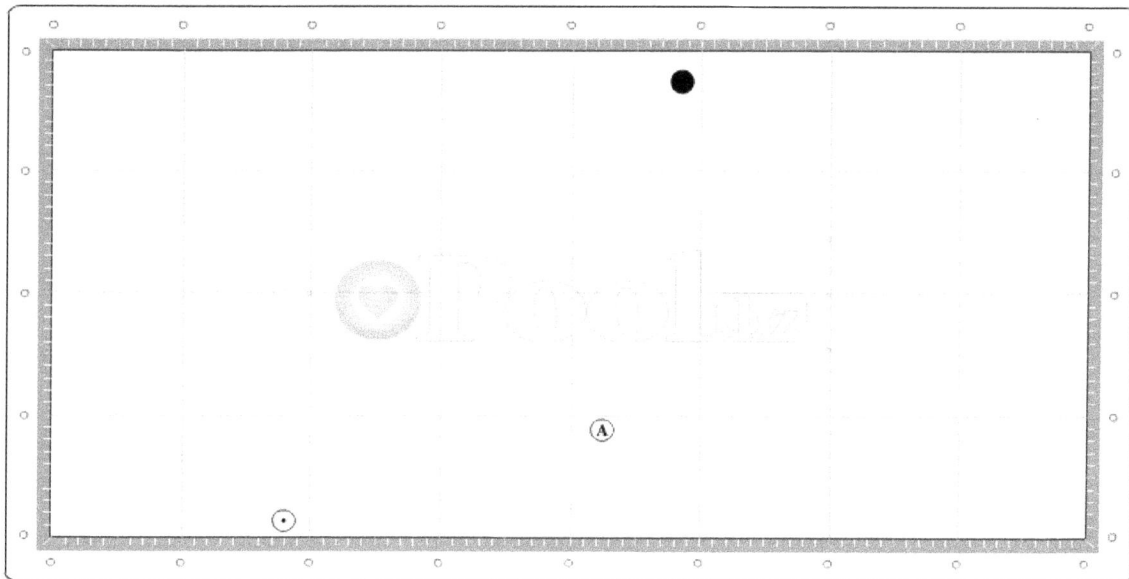

Notater og ideer:

Skudd mønster

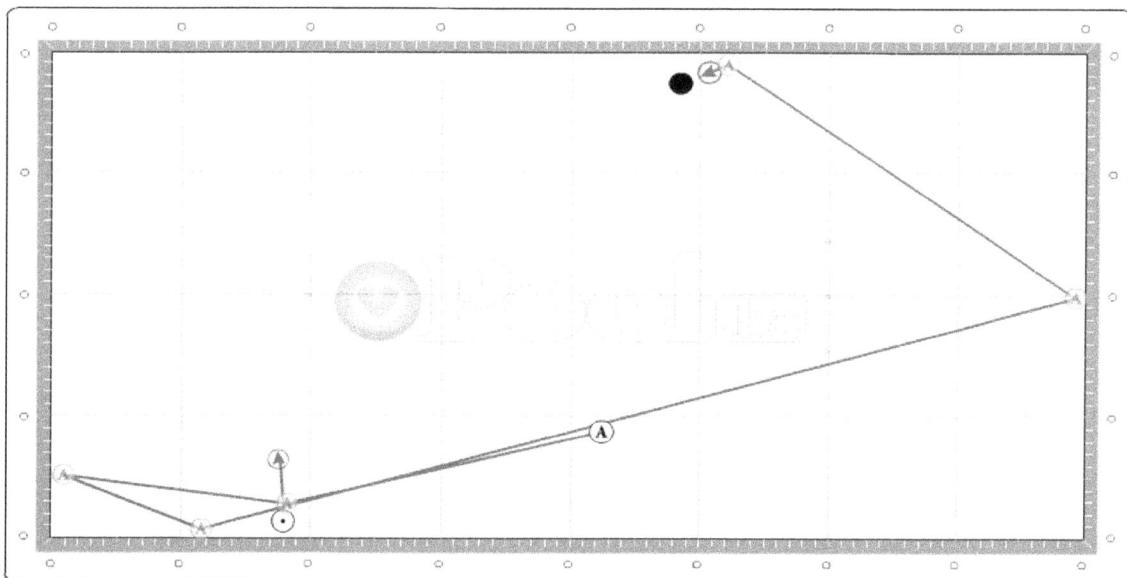

C:1c – Setup

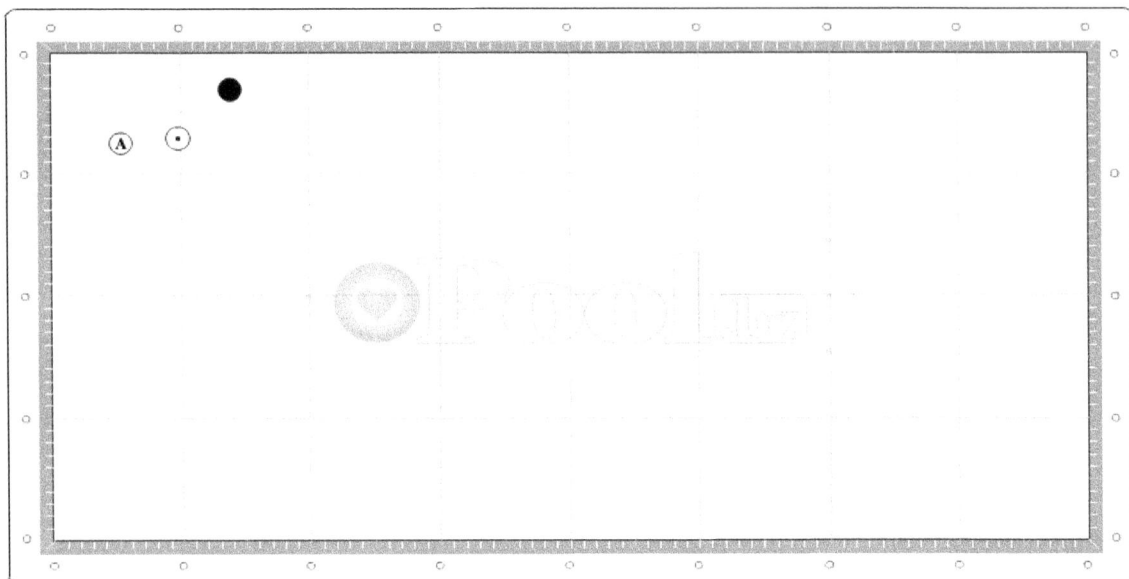

Notater og ideer:

Skudd mønster

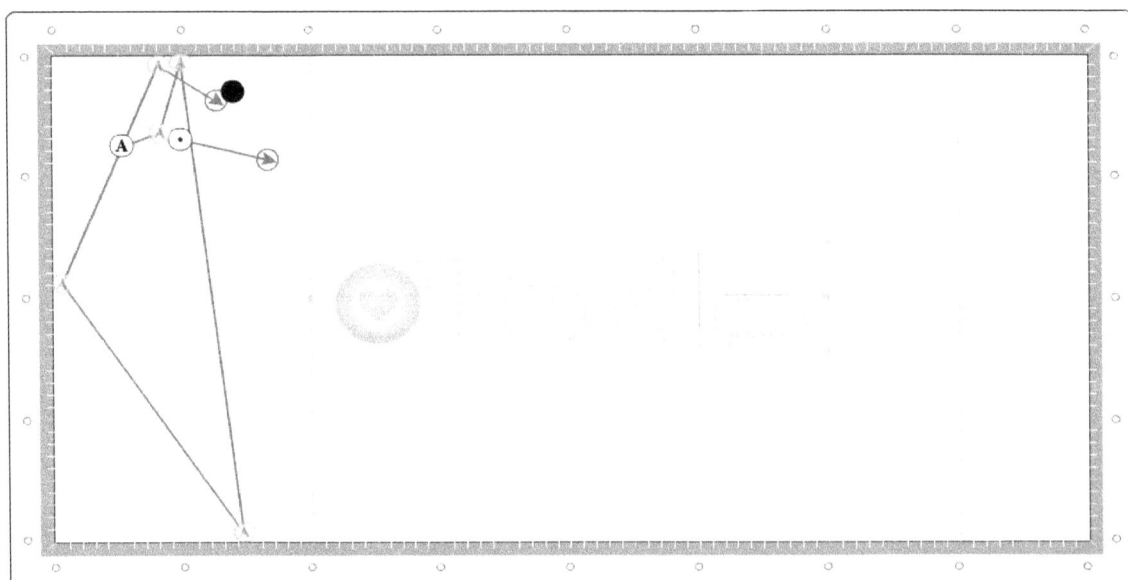

C:1d – Setup

Notater og ideer:

Skudd mønster

C: Gruppe 2

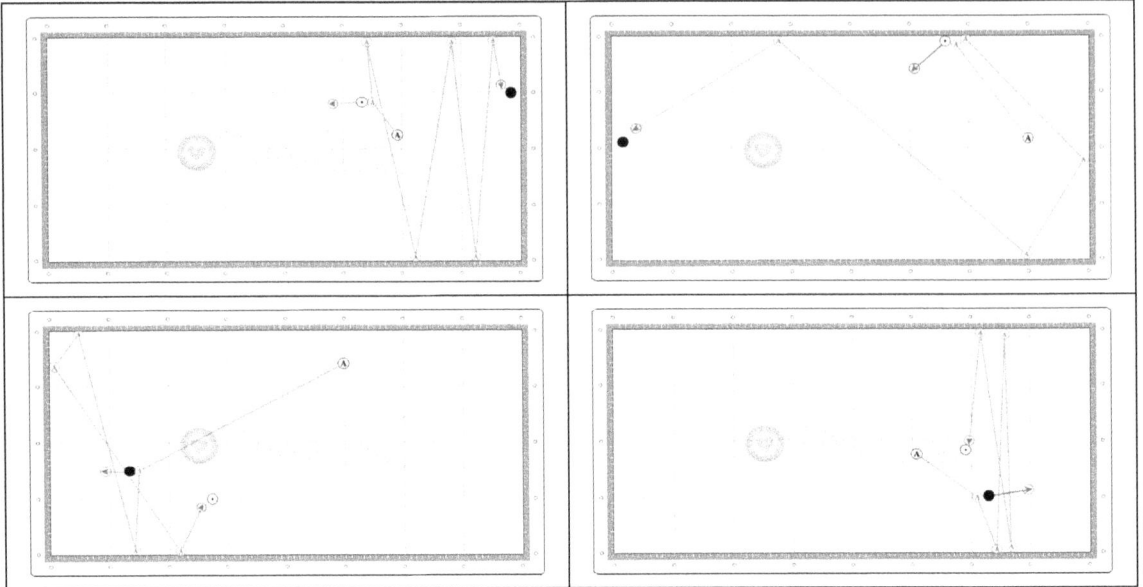

Analyse:

C:2a. _____

C:2b. _____

C:2c. _____

C:2d. _____

C:2a – Setup

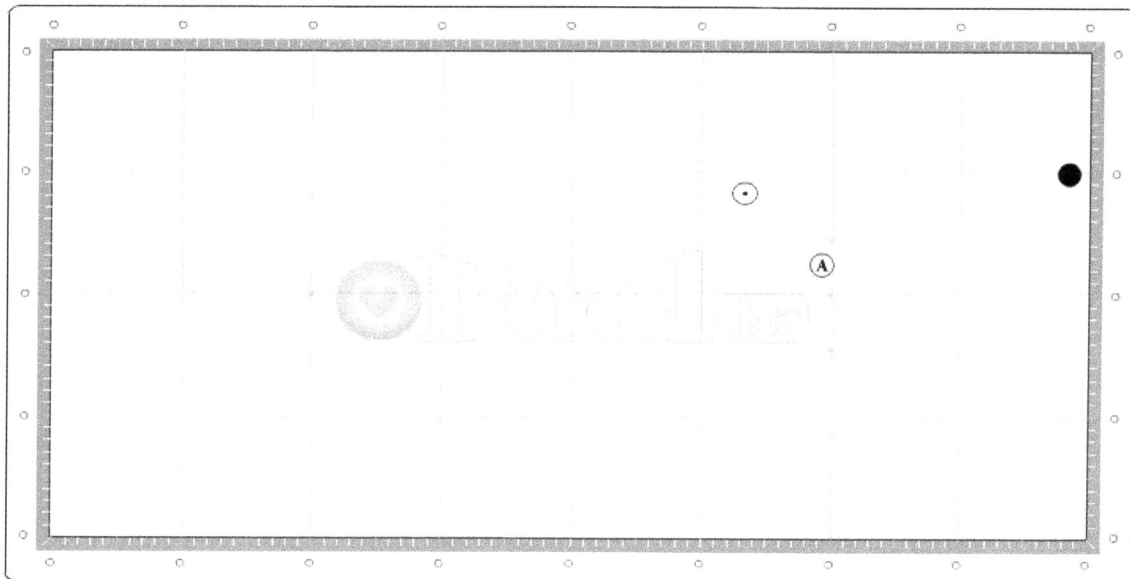

Notater og ideer:

Skudd mønster

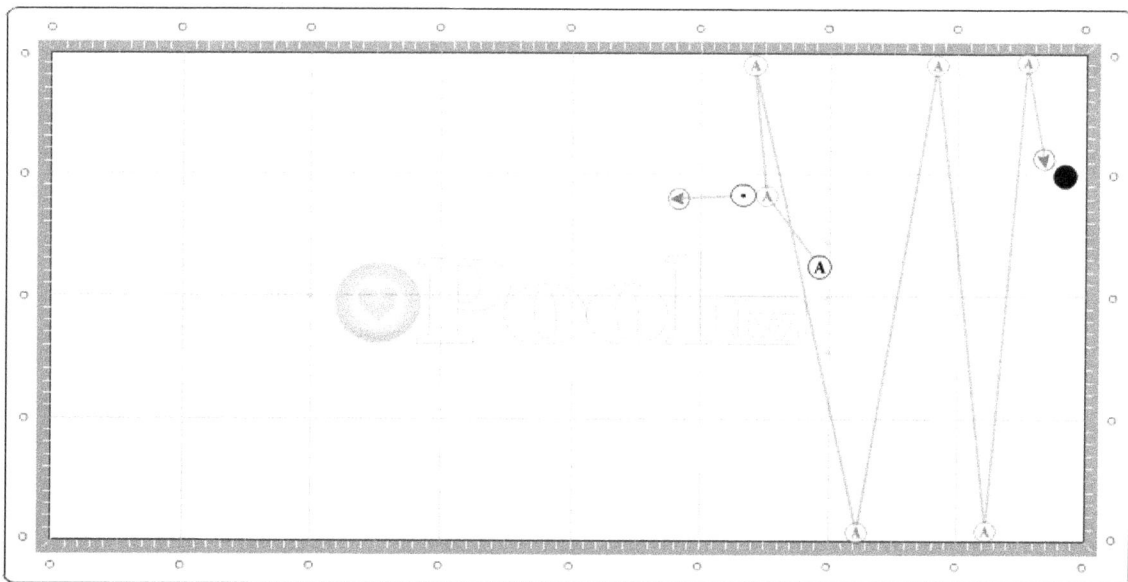

C:2b – Setup

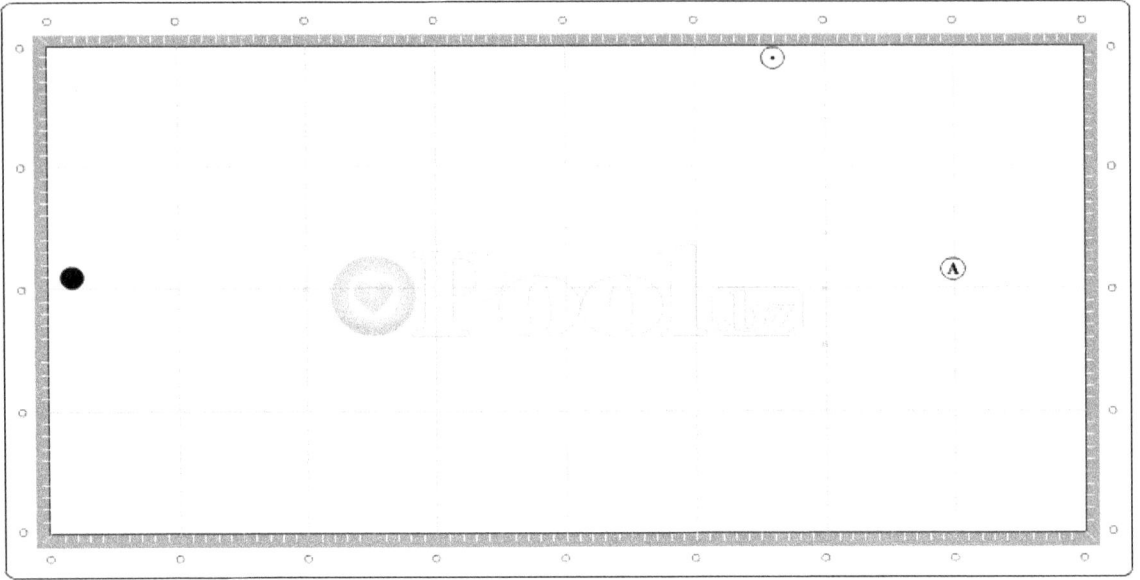

Notater og ideer:

Skudd mønster

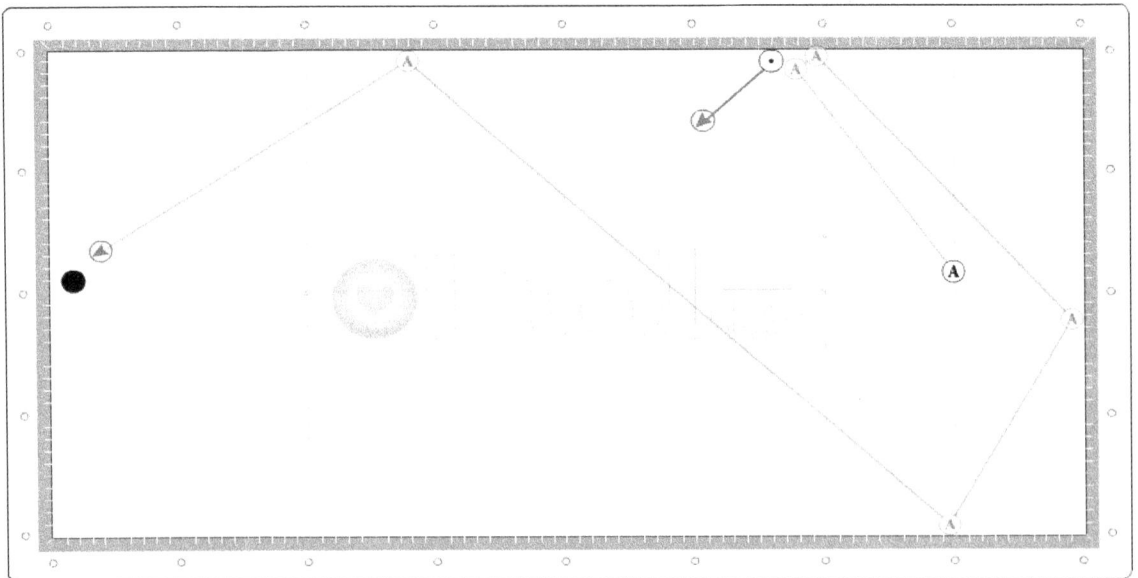

C:2c – Setup

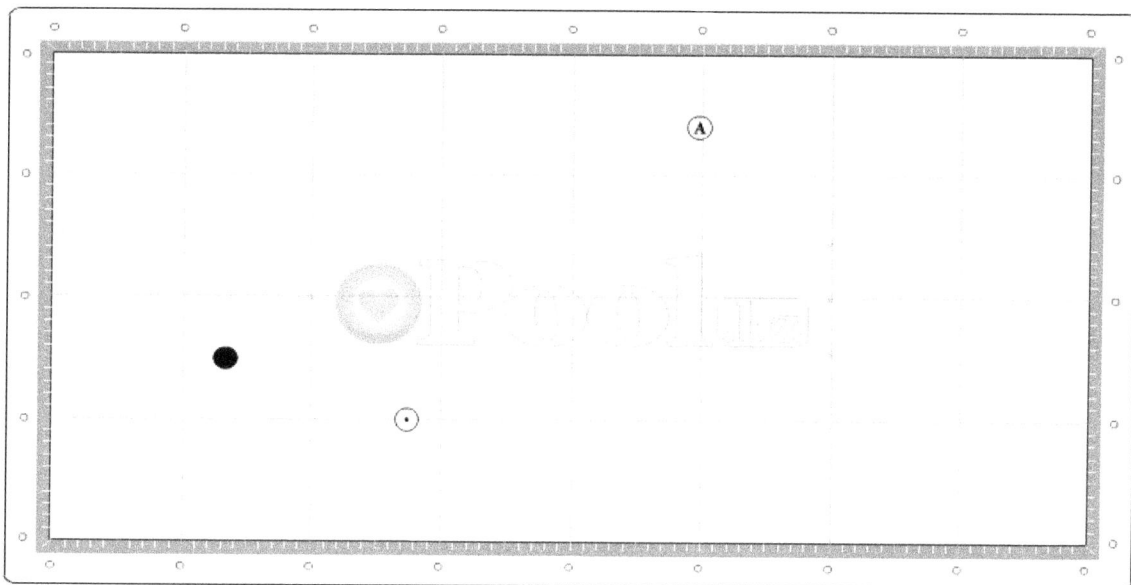

Notater og ideer:

Skudd mønster

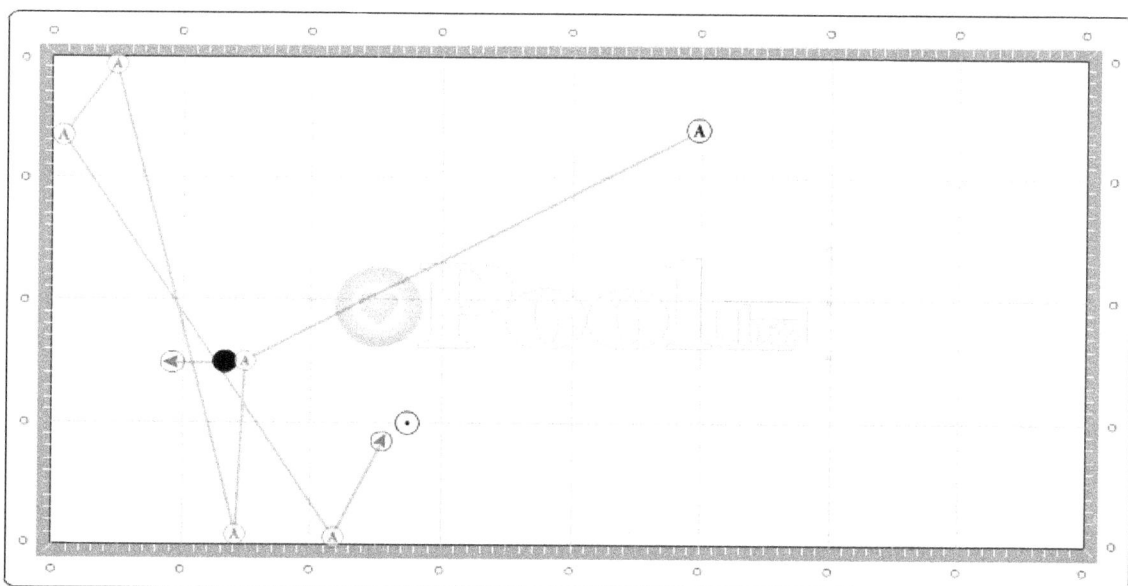

C:2d – Setup

Notater og ideer:

Skudd mønster

D: Massevis av ekstra vant

Den (CB) reiser rundt mange, mange vant.

(A) (CB) (biljardkule) - ⊙ (OB) (motstander billiardball) - ⬤ (OB) (rød biljardball)

D: Gruppe 1

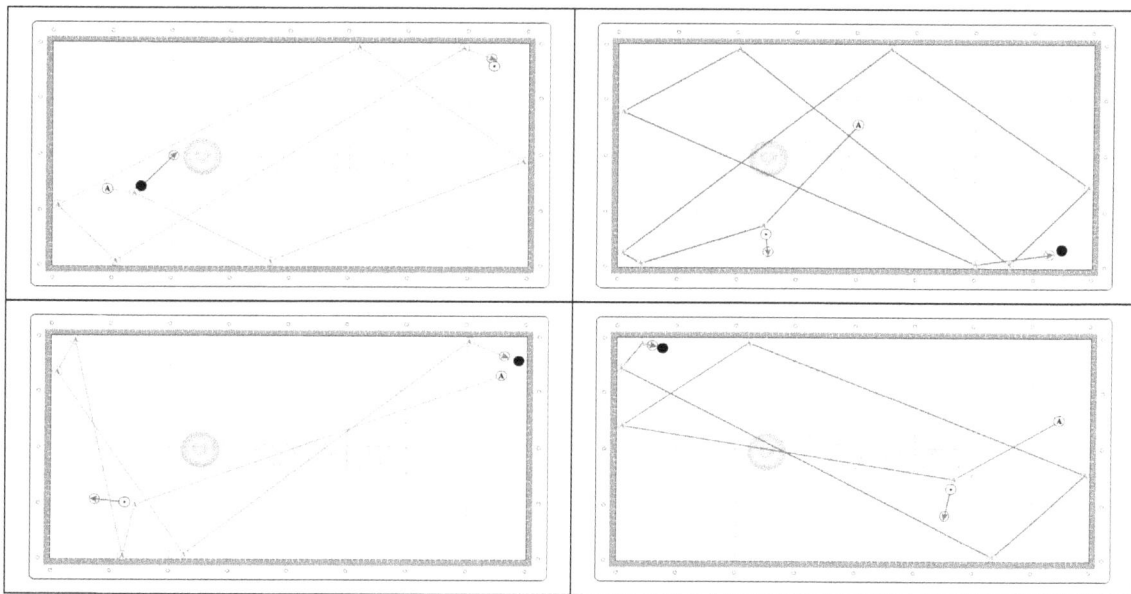

Analyse:

D:1a. _____

D:1b. _____

D:1c. _____

D:1d. _____

D:1a – Setup

Notater og ideer:

Skudd mønster

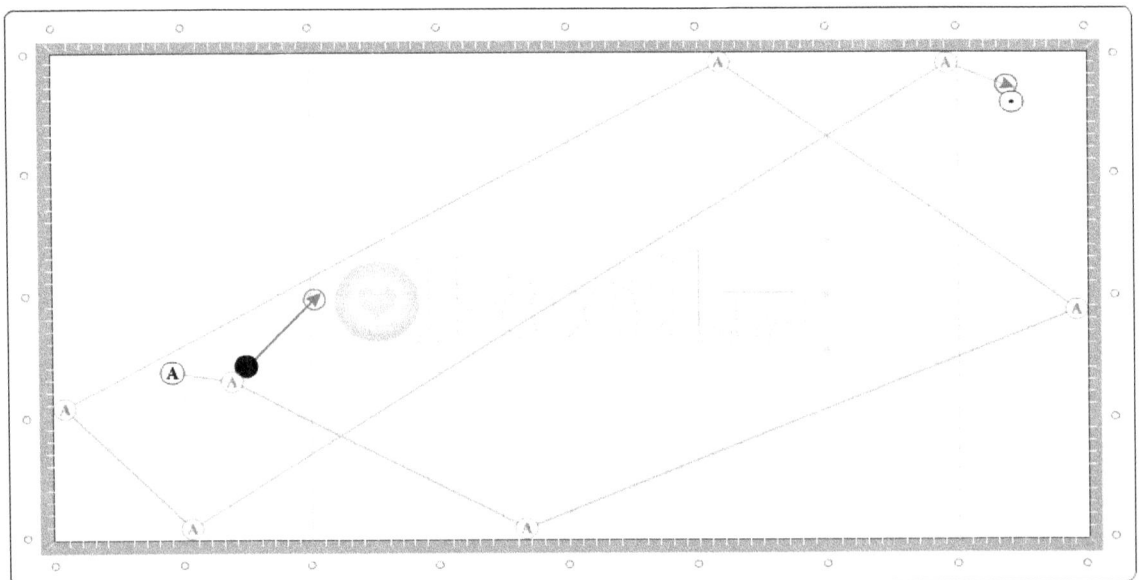

D:1b – Setup

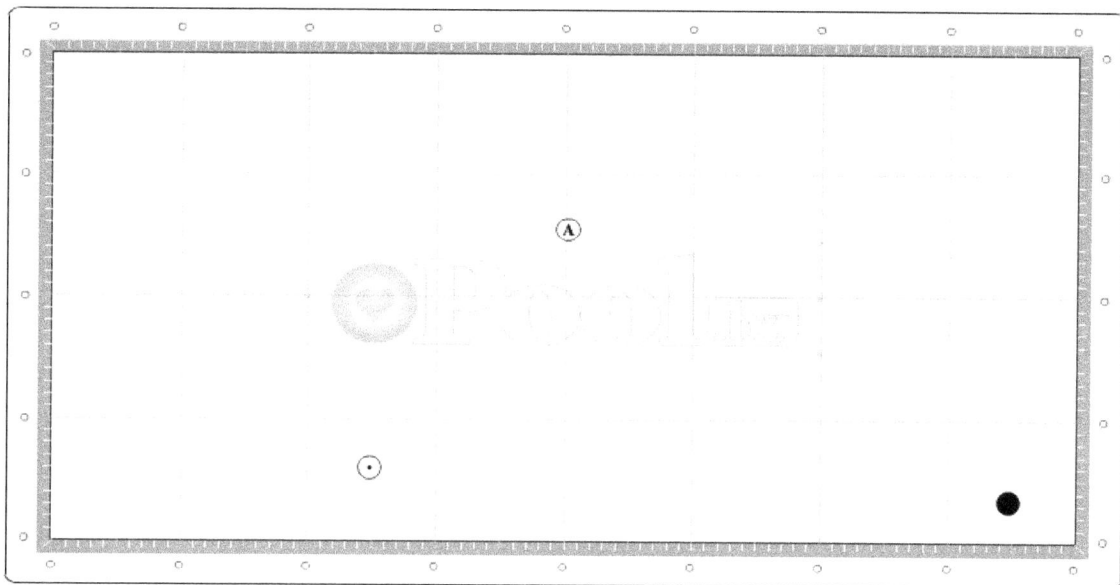

Notater og ideer:

Skudd mønster

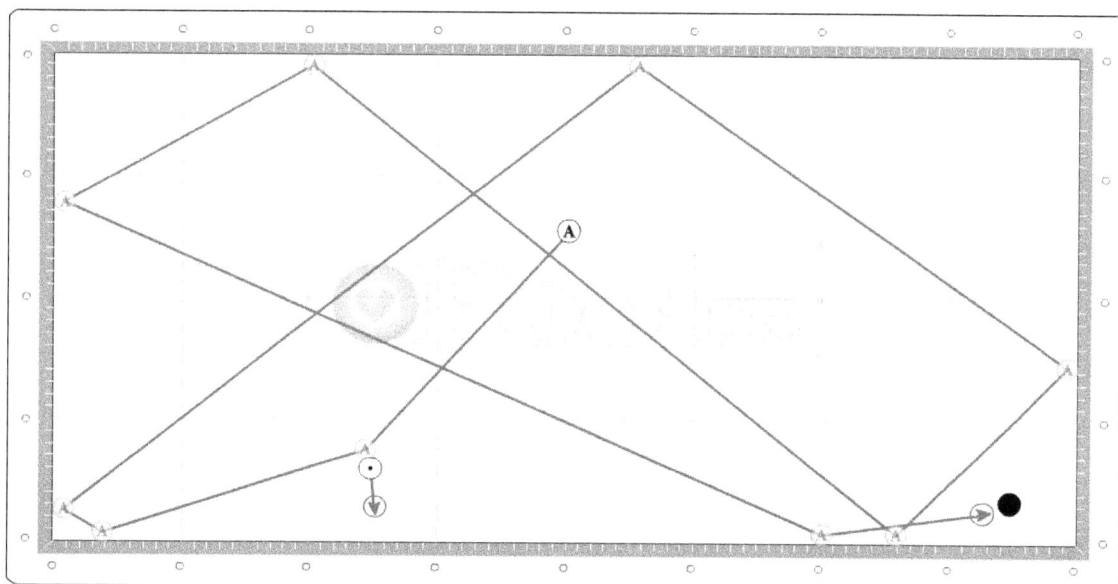

D:1c – Setup

Notater og ideer:

Skudd mønster

D:1d – Setup

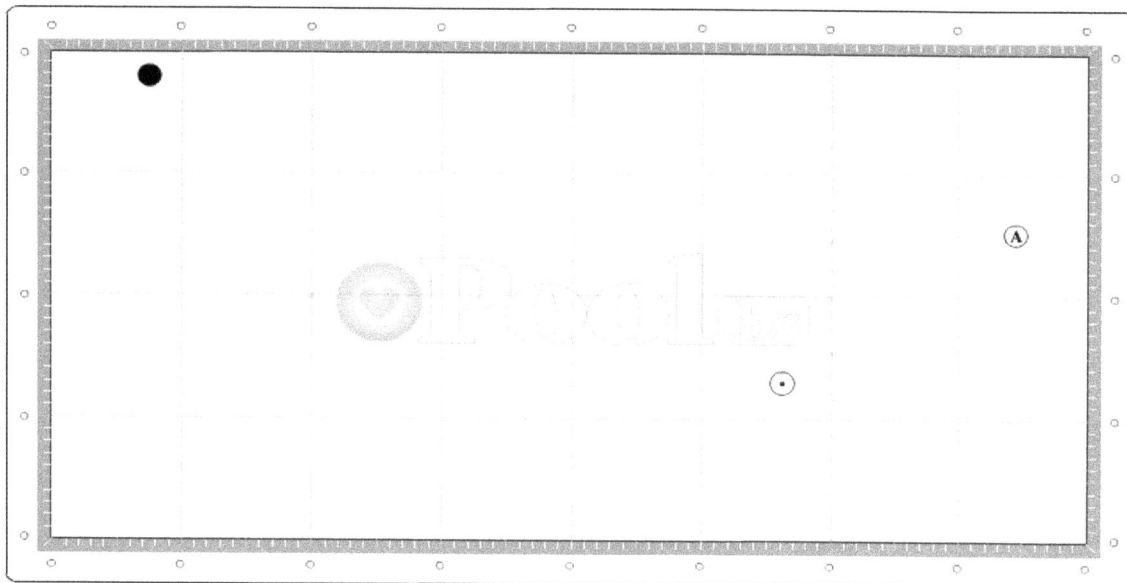

Notater og ideer:

Skudd mønster

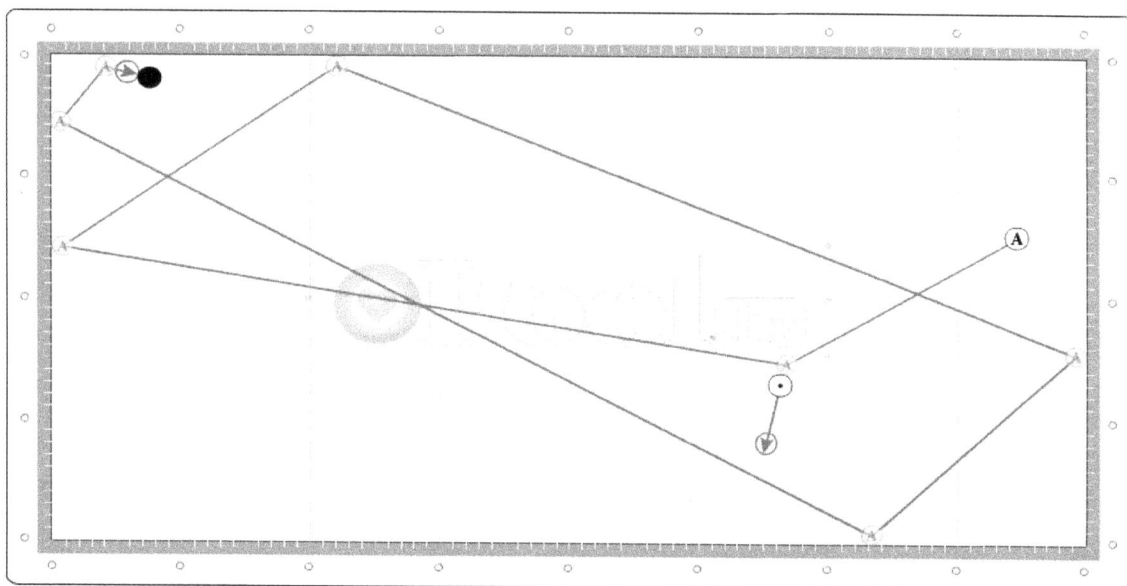

D: Gruppe 2

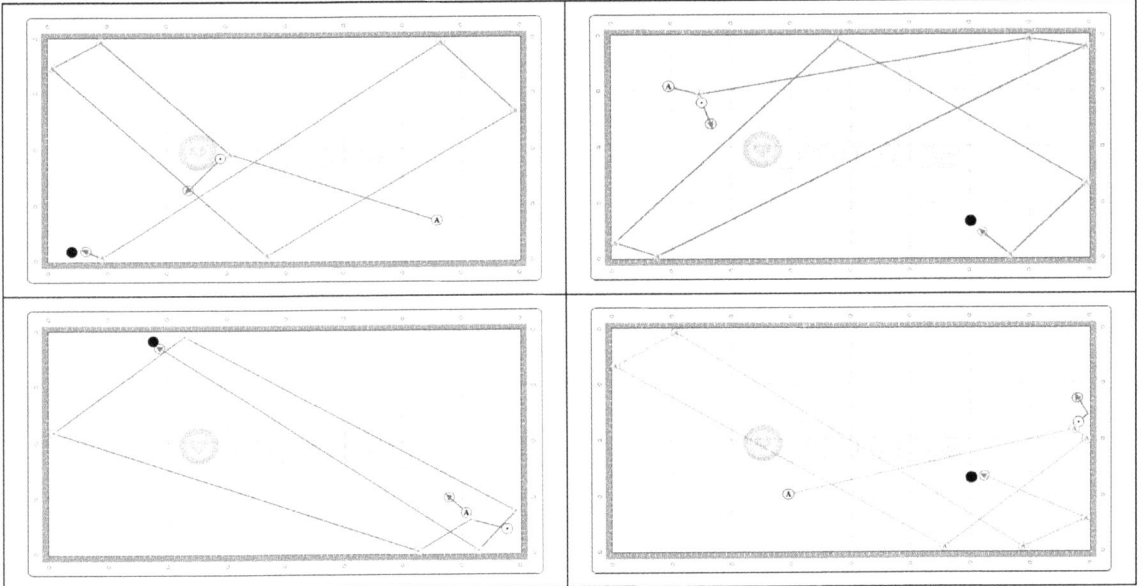

Analyse:

D:2a. _____

D:2b. _____

D:2c. _____

D:2d. _____

D:2a – Setup

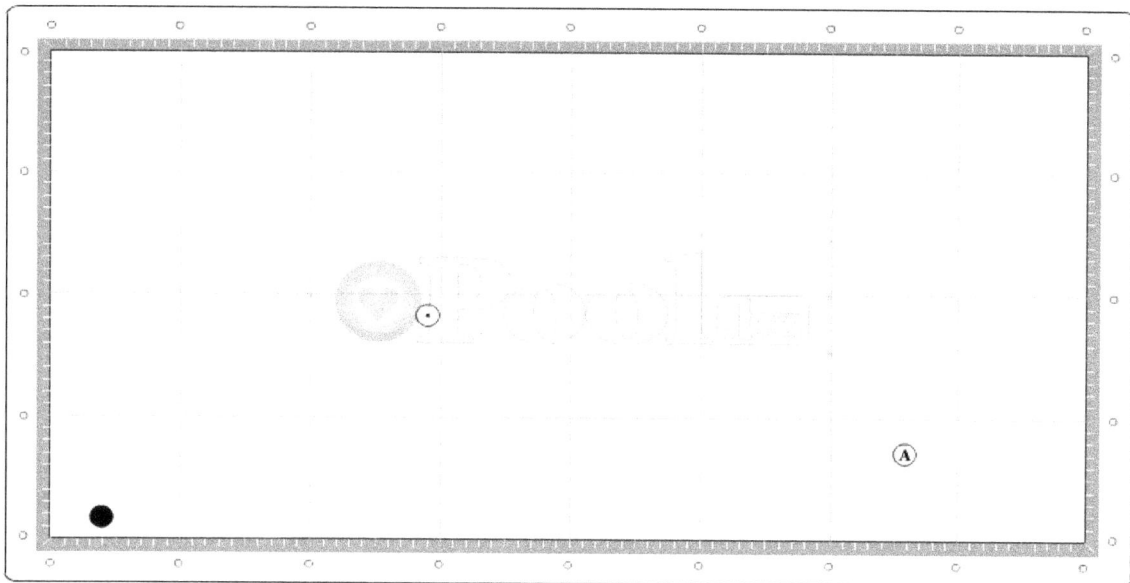

Notater og ideer:

Skudd mønster

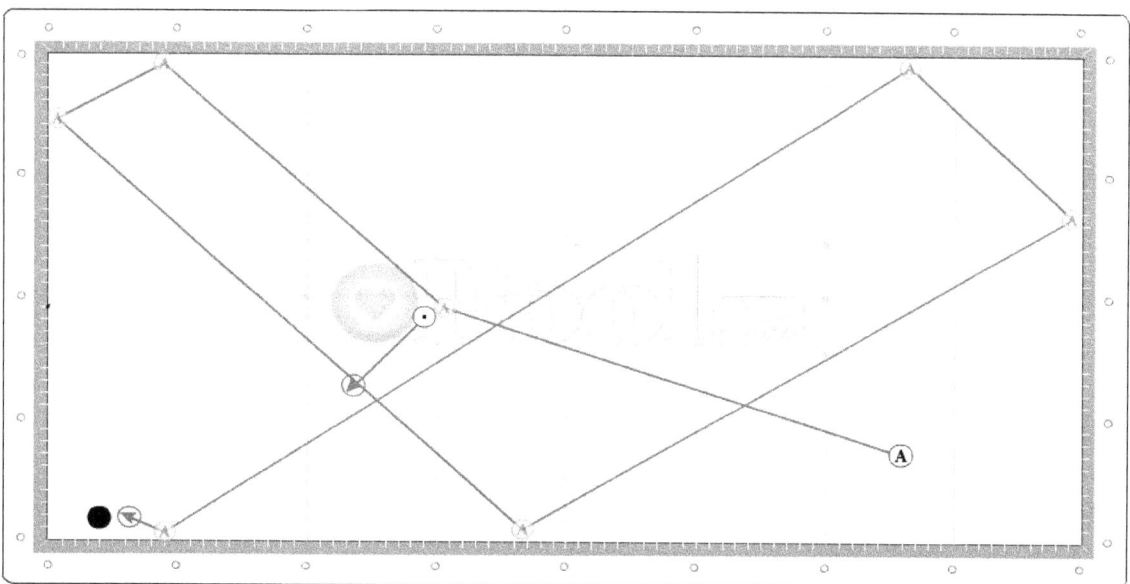

D:2b – Setup

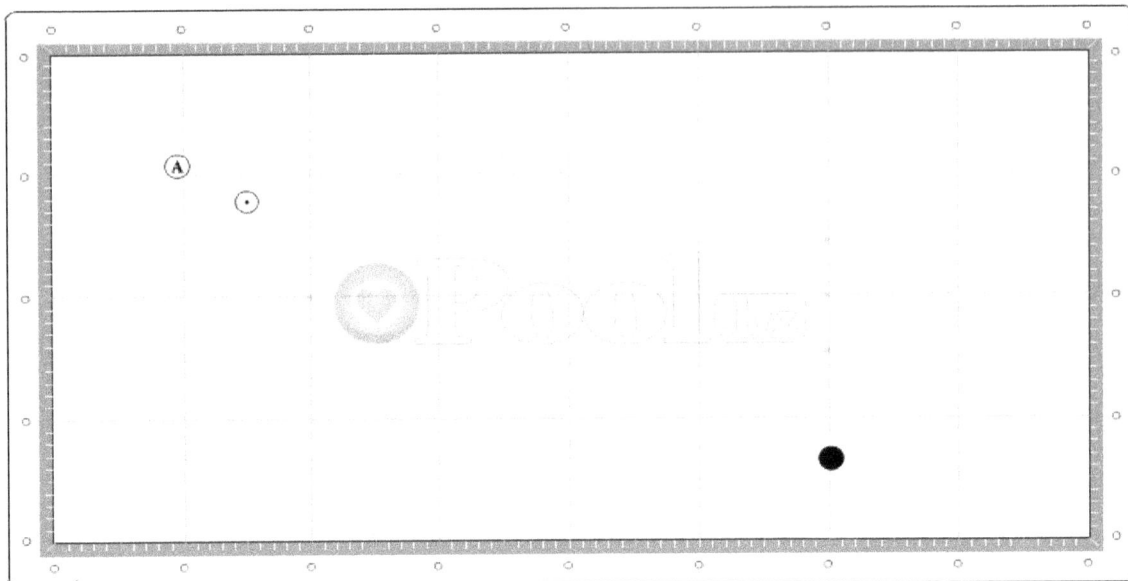

Notater og ideer:

Skudd mønster

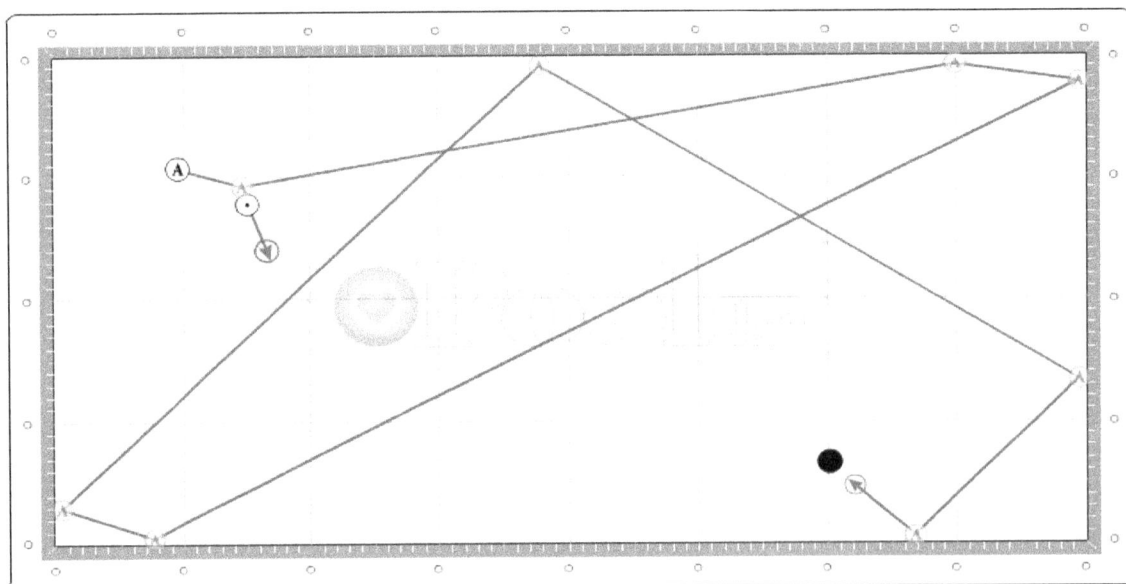

D:2c – Setup

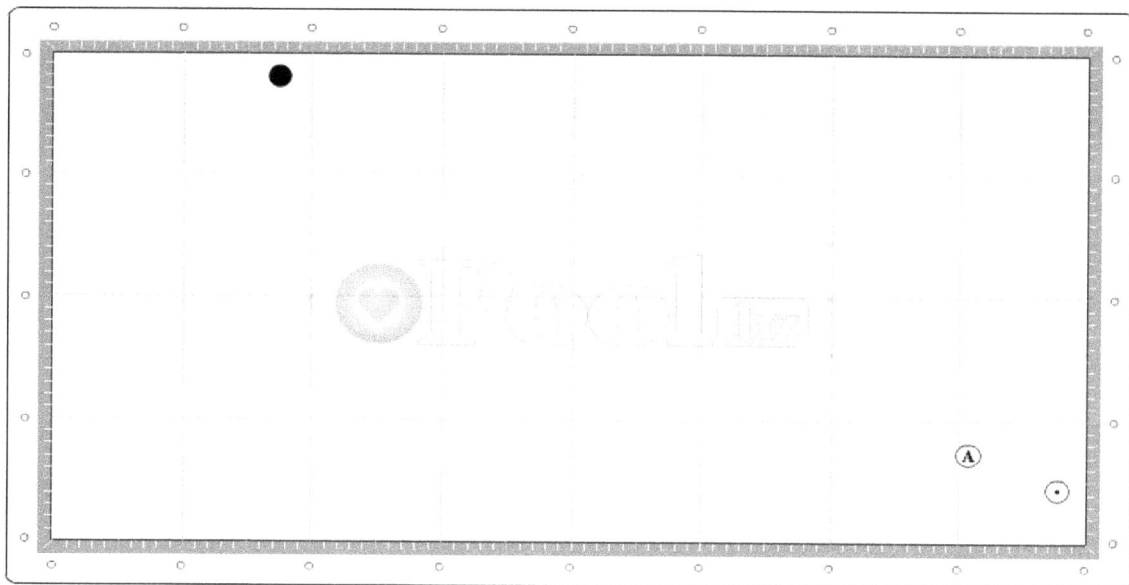

Notater og ideer:

Skudd mønster

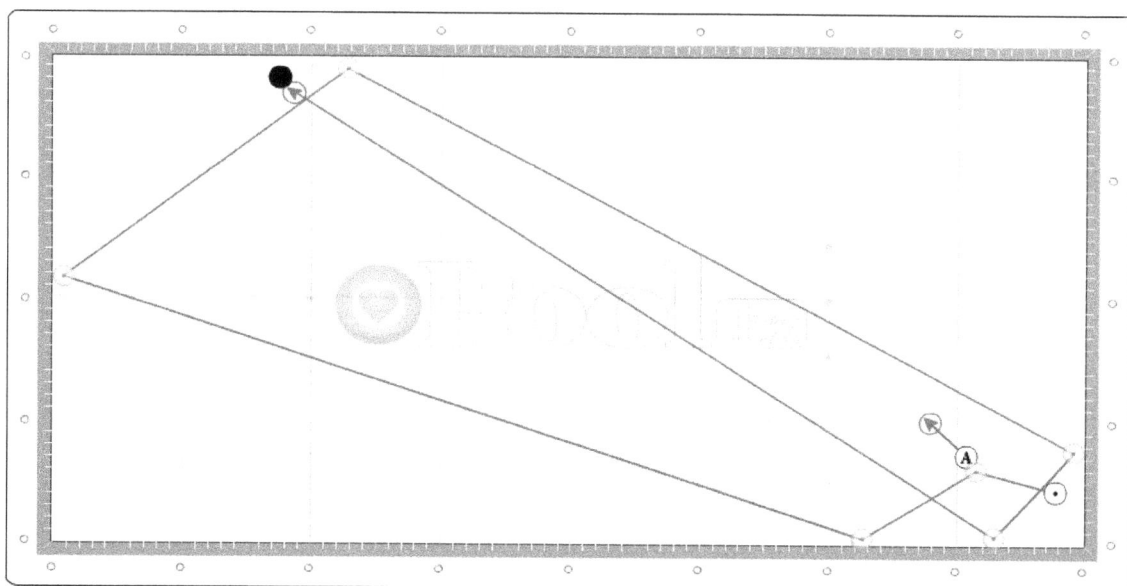

D:2d – Setup

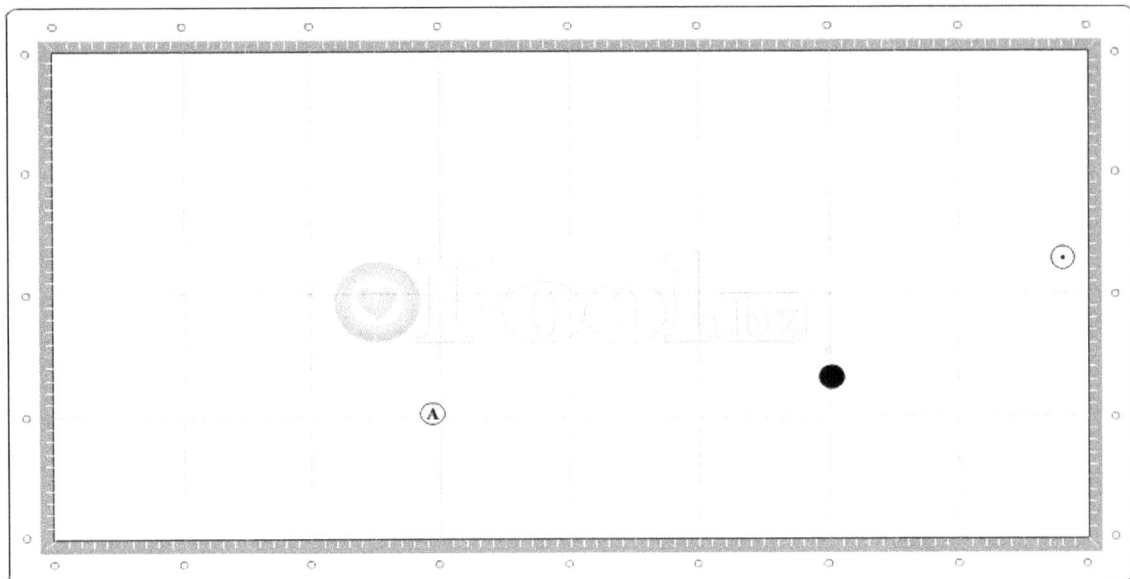

Notater og ideer:

Skudd mønster

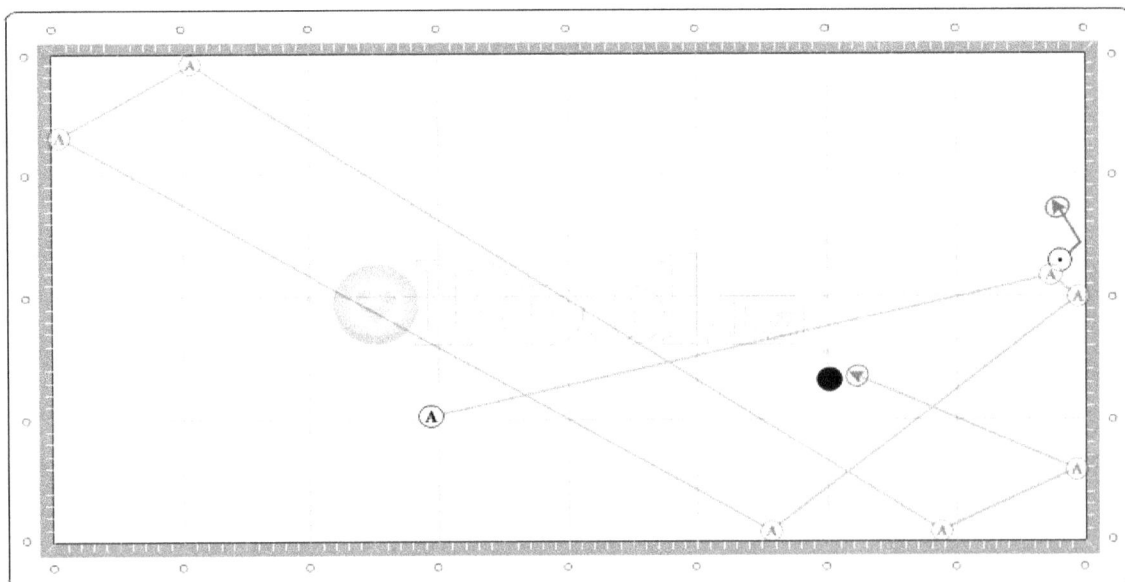

D: Gruppe 3

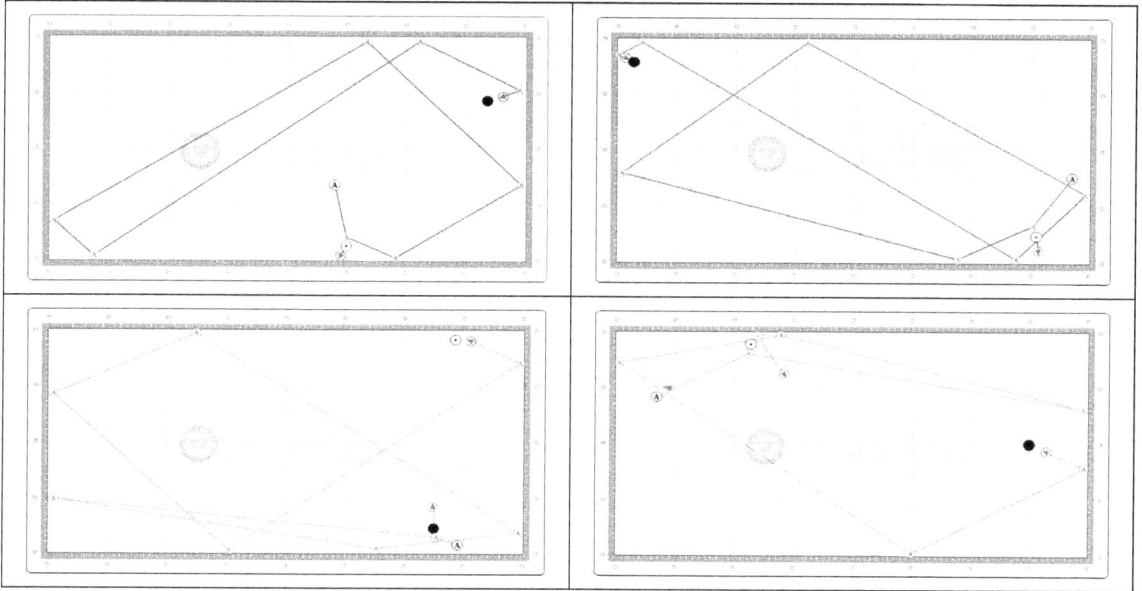

Analyse:

D:3a. _____

D:3b. _____

D:3c. _____

D:3d. _____

D:3a – Setup

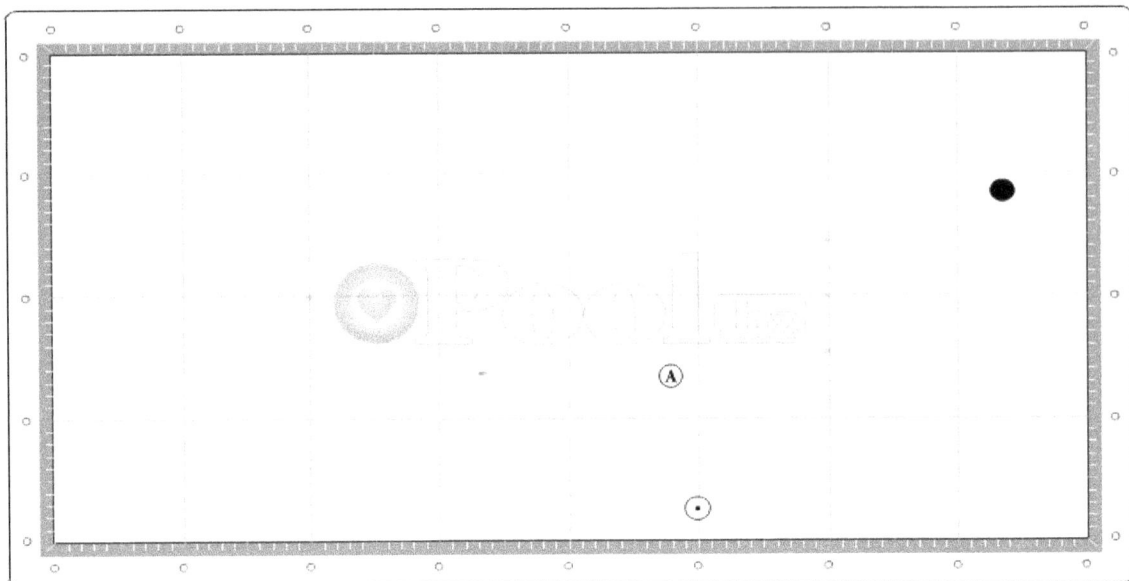

Notater og ideer:

Skudd mønster

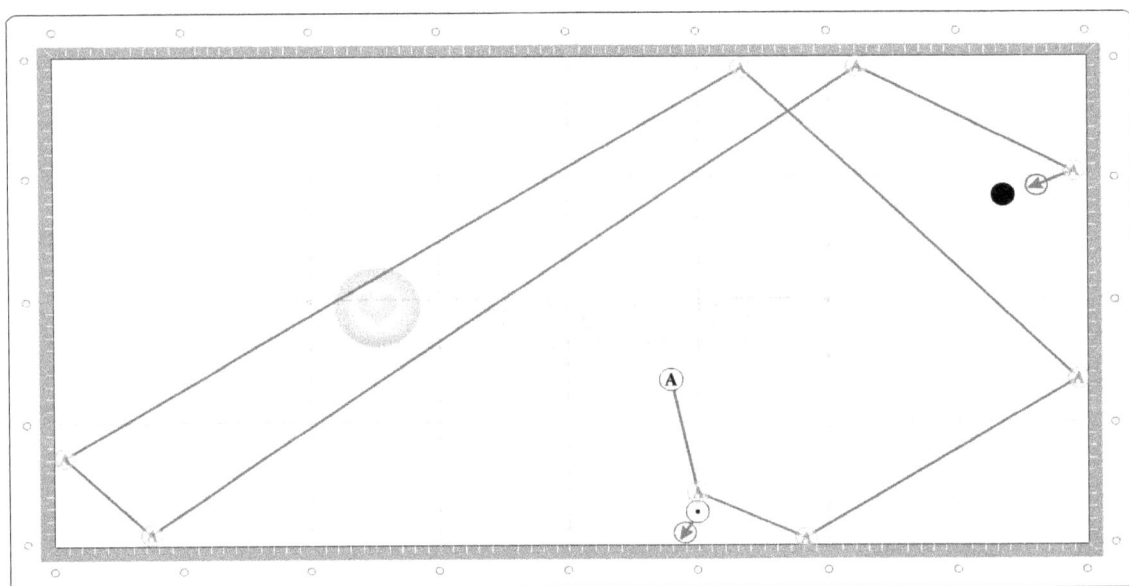

D:3b – Setup

Notater og ideer:

Skudd mønster

D:3c – Setup

Notater og ideer:

Skudd mønster

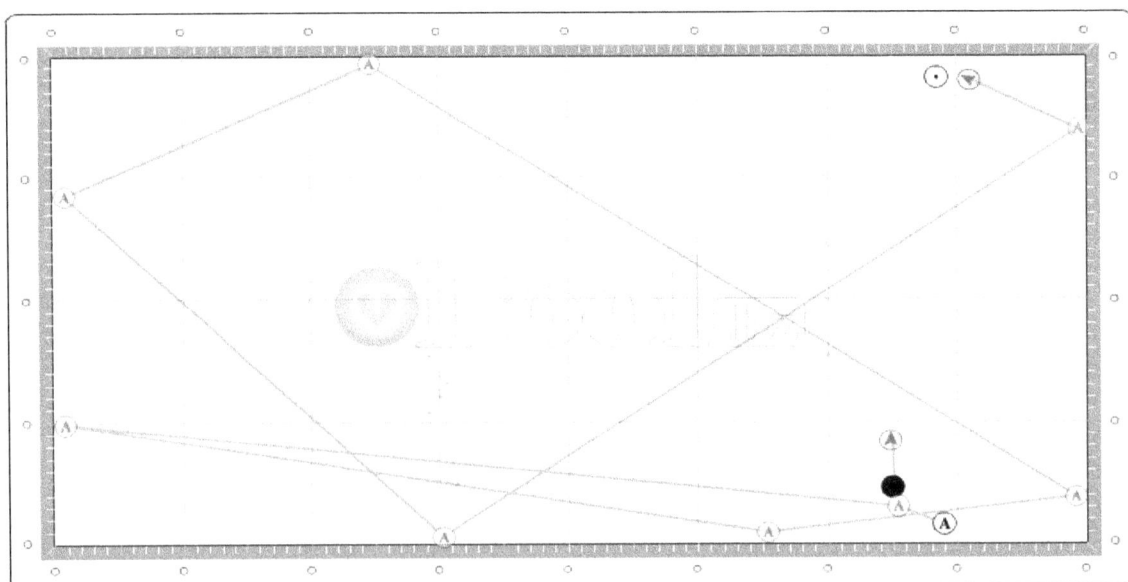

D:3d – Setup

Notater og ideer:

Skudd mønster

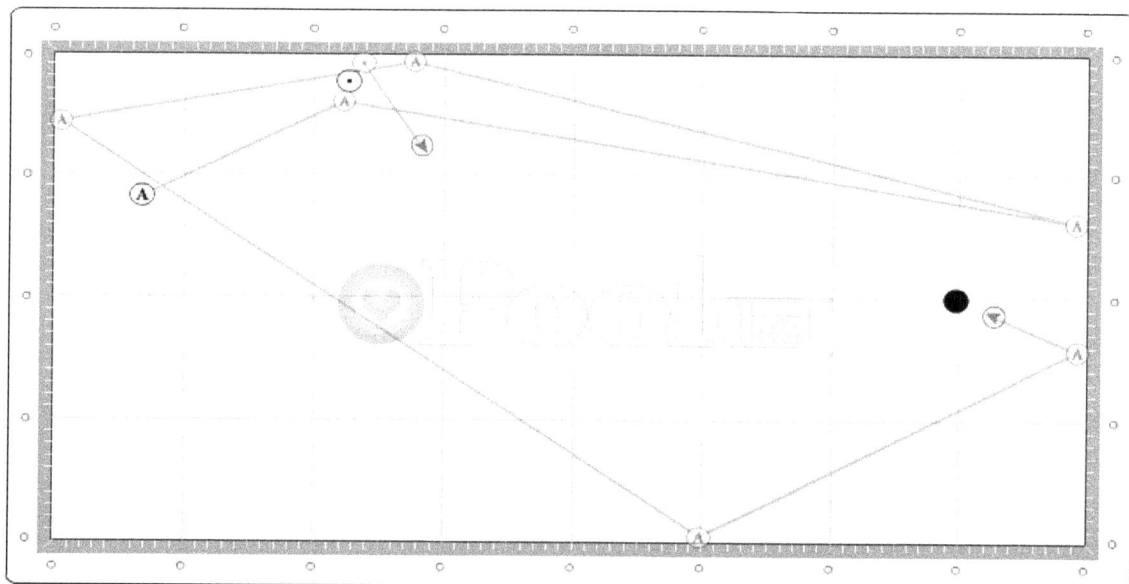

D: Gruppe 4

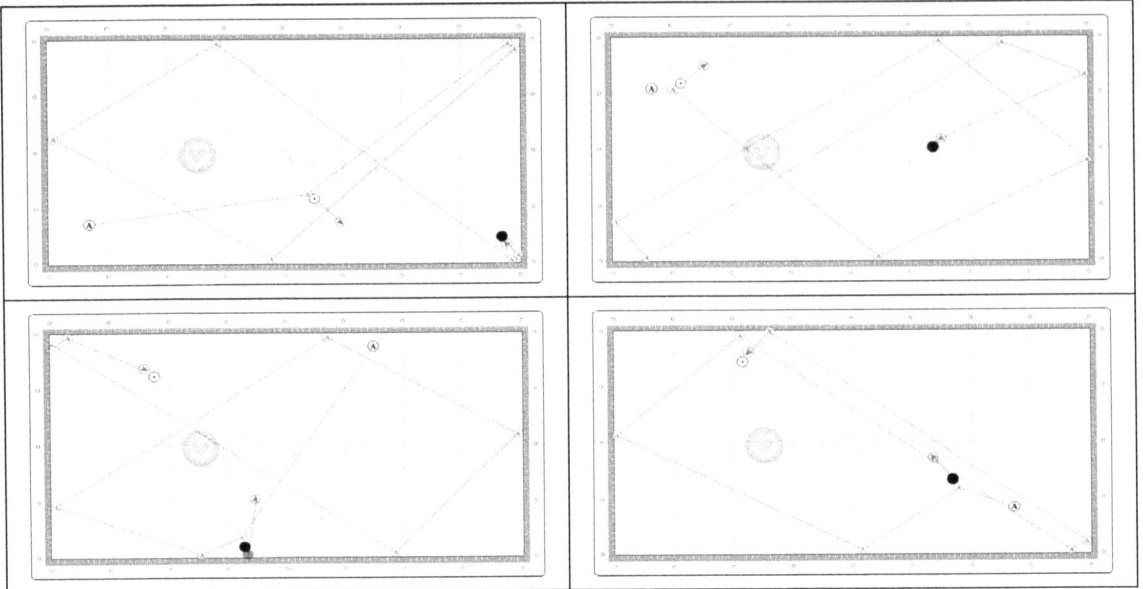

Analyse:

D:4a. _____

D:4b. _____

D:4c. _____

D:4d. _____

D:4a – Setup

Notater og ideer:

Skudd mønster

D:4b – Setup

Notater og ideer:

Skudd mønster

D:4c – Setup

Notater og ideer:

Skudd mønster

D:4d – Setup

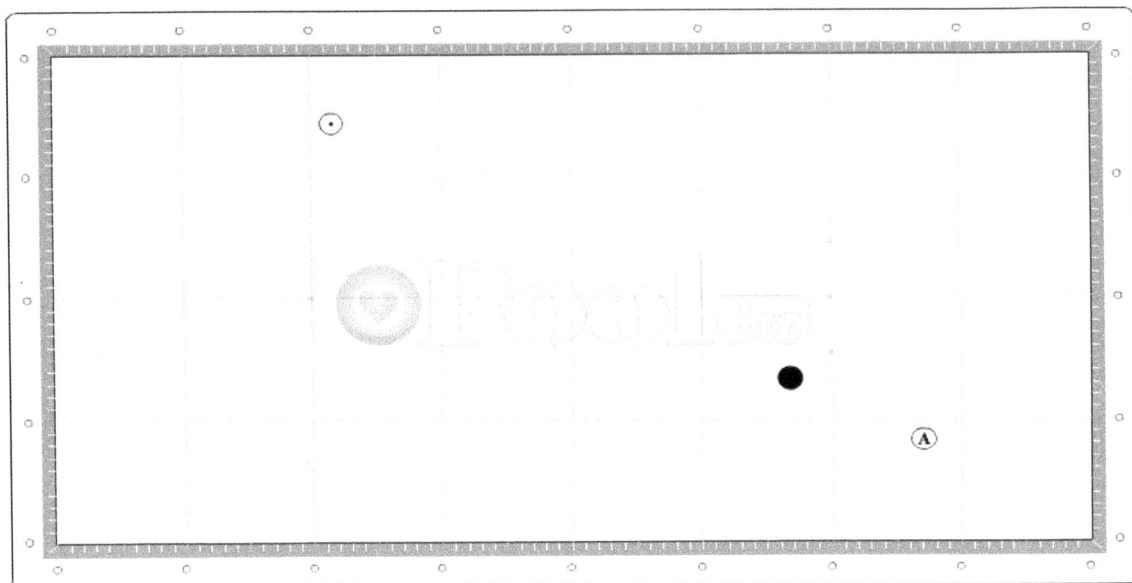

Notater og ideer:

Skudd mønster

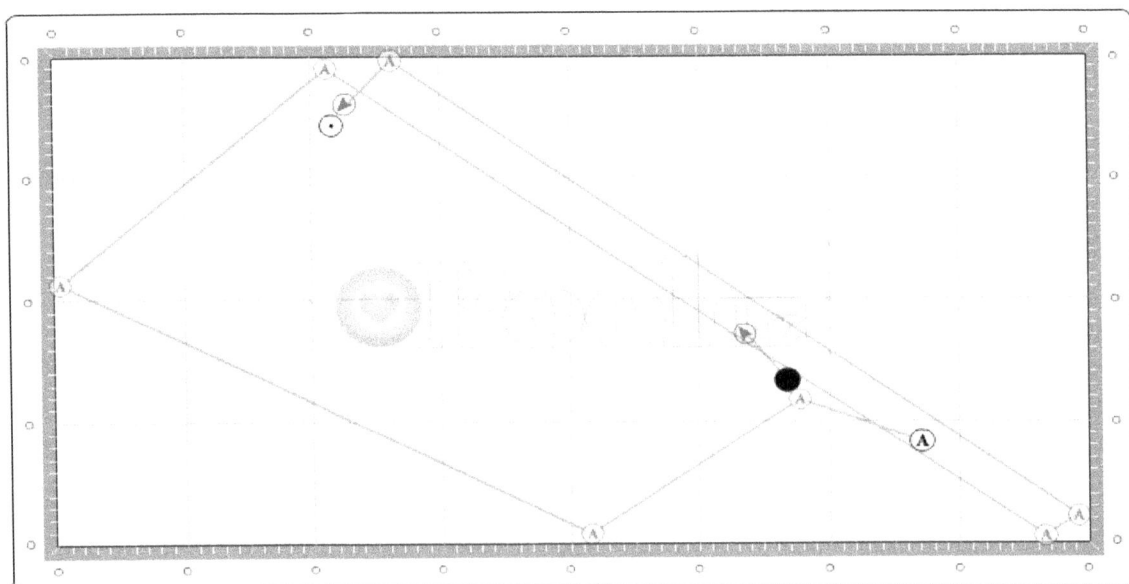

E: Parallelle stier

(CB) går fra ett hjørne til et annet hjørne, og tilbake til første hjørne. (CB) mønsteret er på en parallell linje til mønsteret går inn.

(A) (CB) (biljardkule) - (·) (OB) (motstander billiardball) - ● (OB) (rød biljardball)

E: Gruppe 1

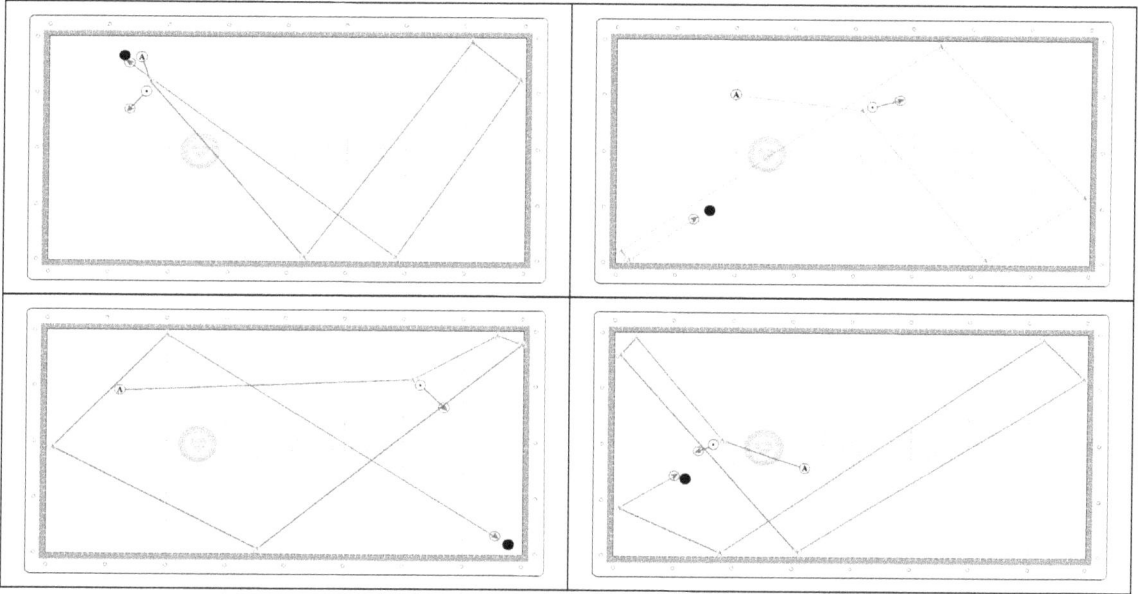

Analyse:

E:1a. _____

E:1b. _____

E:1c. _____

E:1d. _____

E:1a – Setup

Notater og ideer:

Skudd mønster

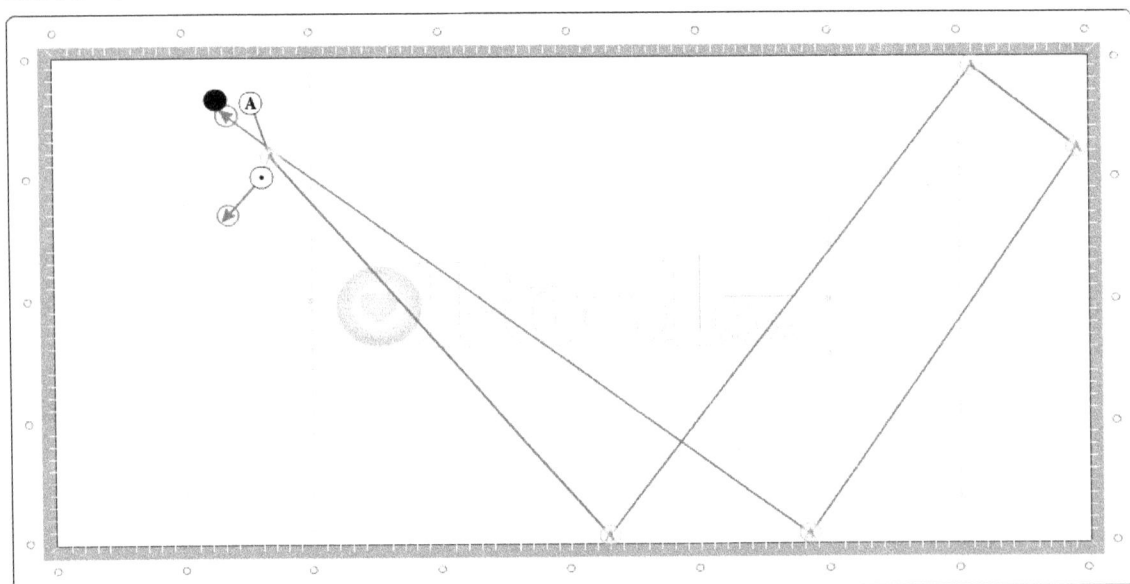

E:1b – Setup

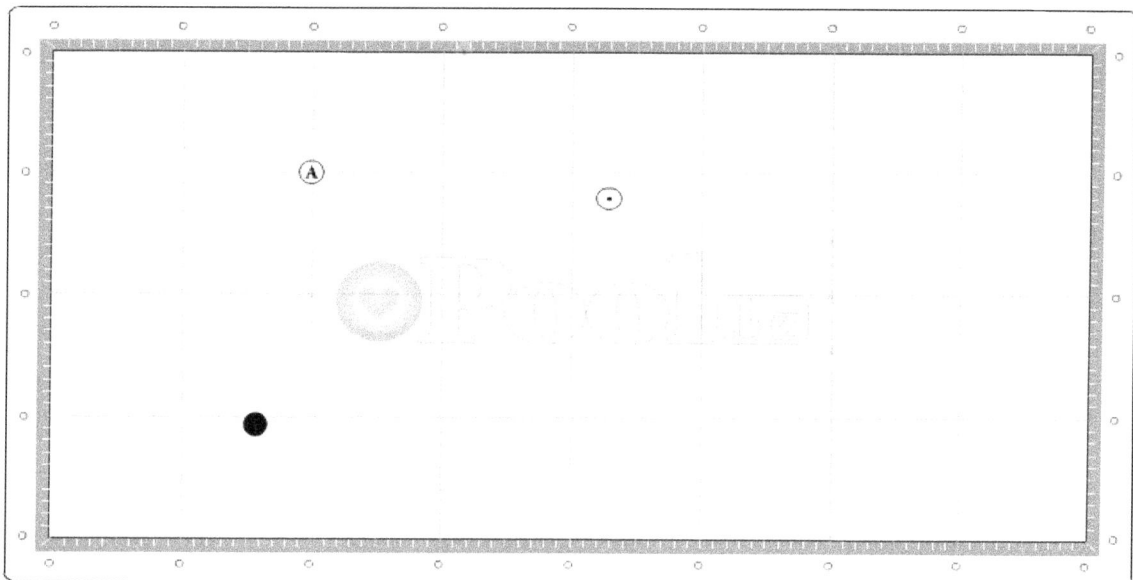

Notater og ideer:

Skudd mønster

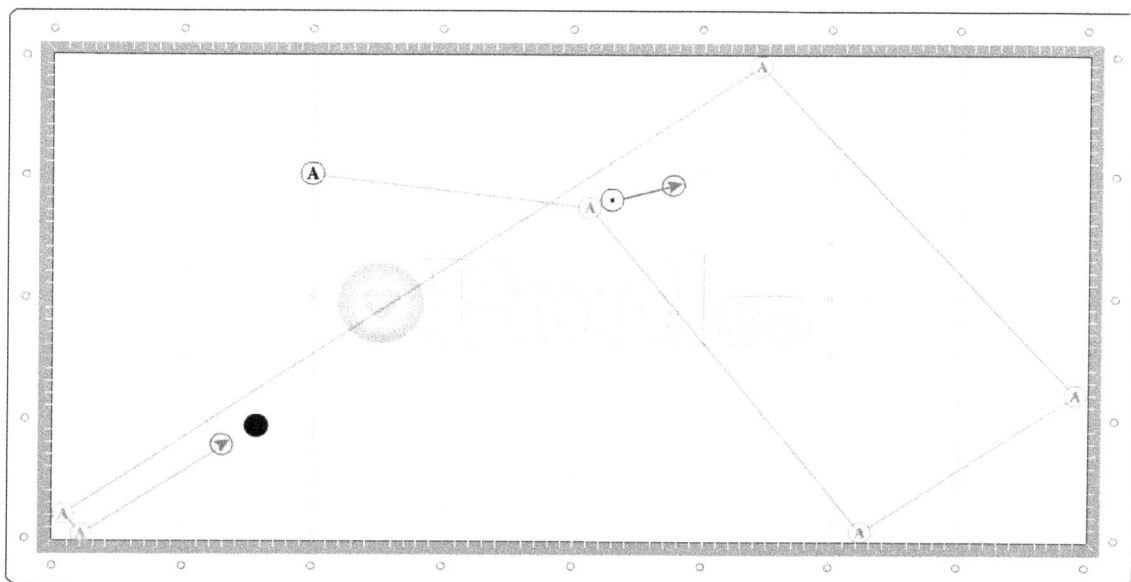

E:1c – Setup

Notater og ideer:

Skudd mønster

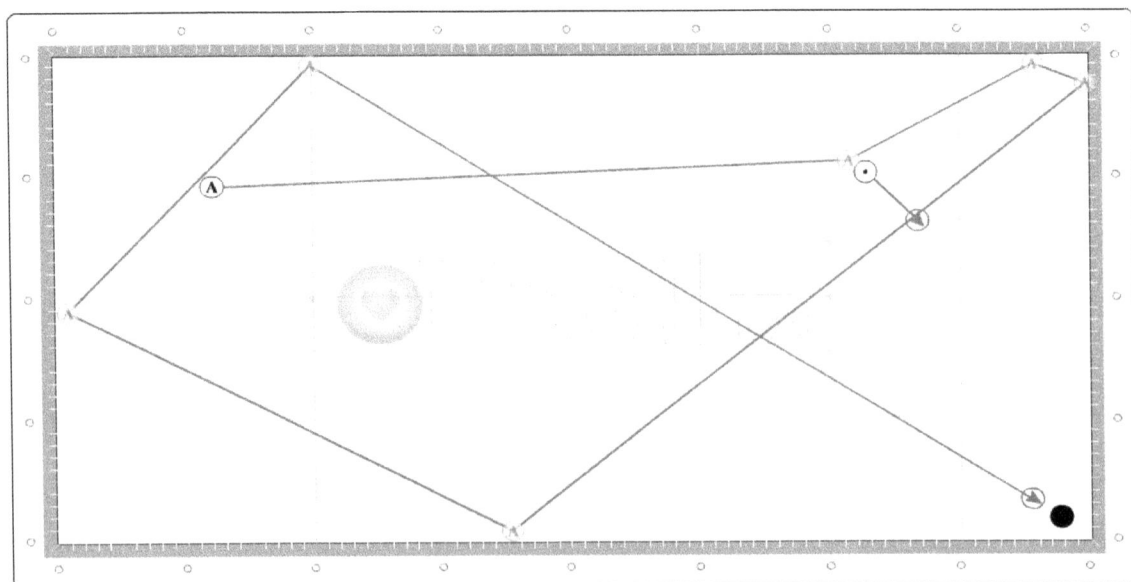

E:1d – Setup

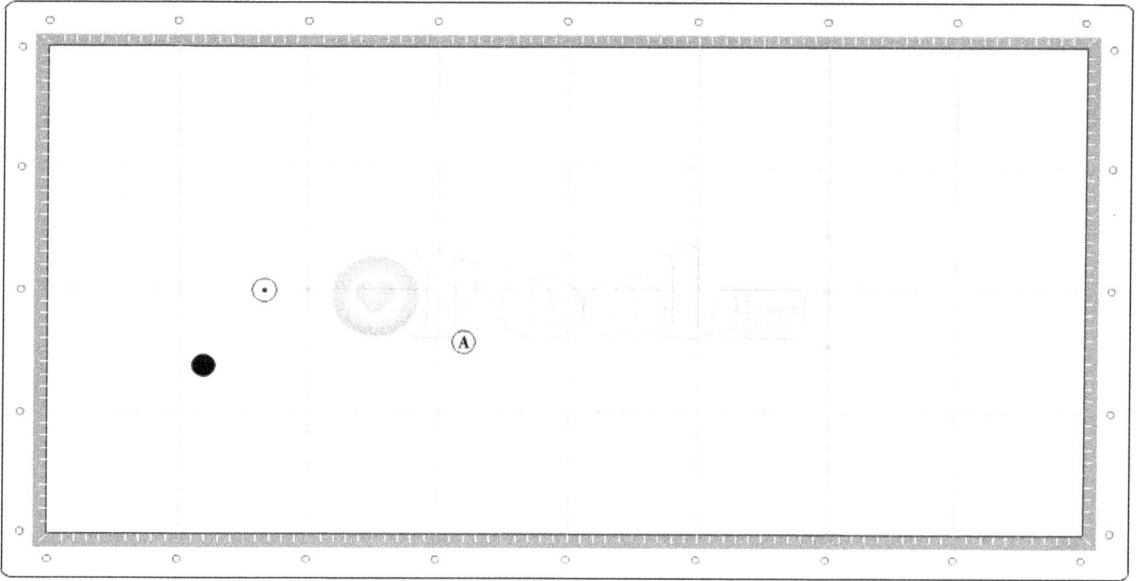

Notater og ideer:

Skudd mønster

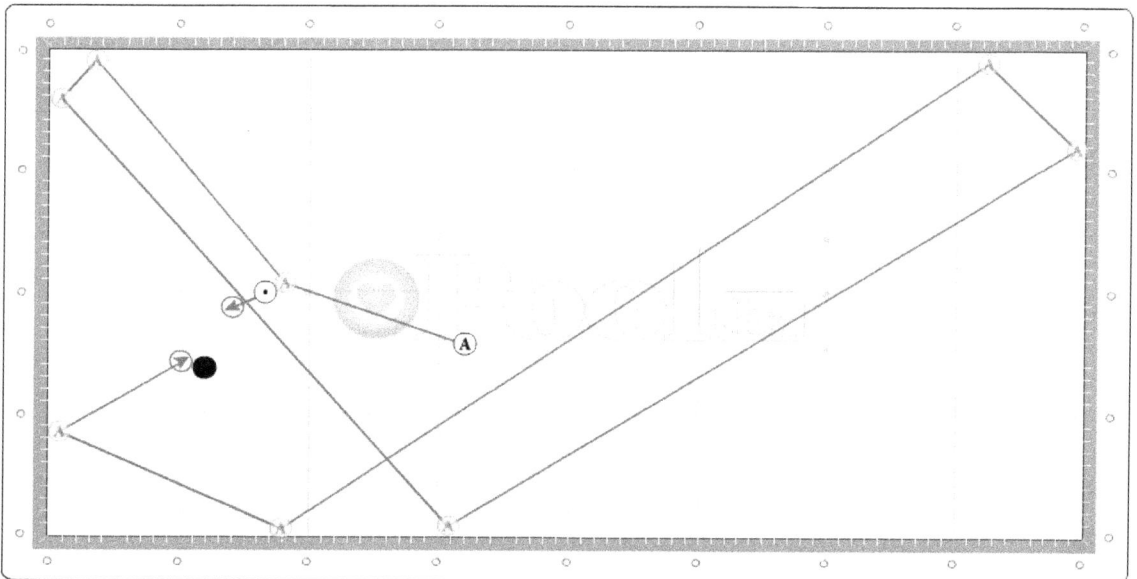

E: Gruppe 2

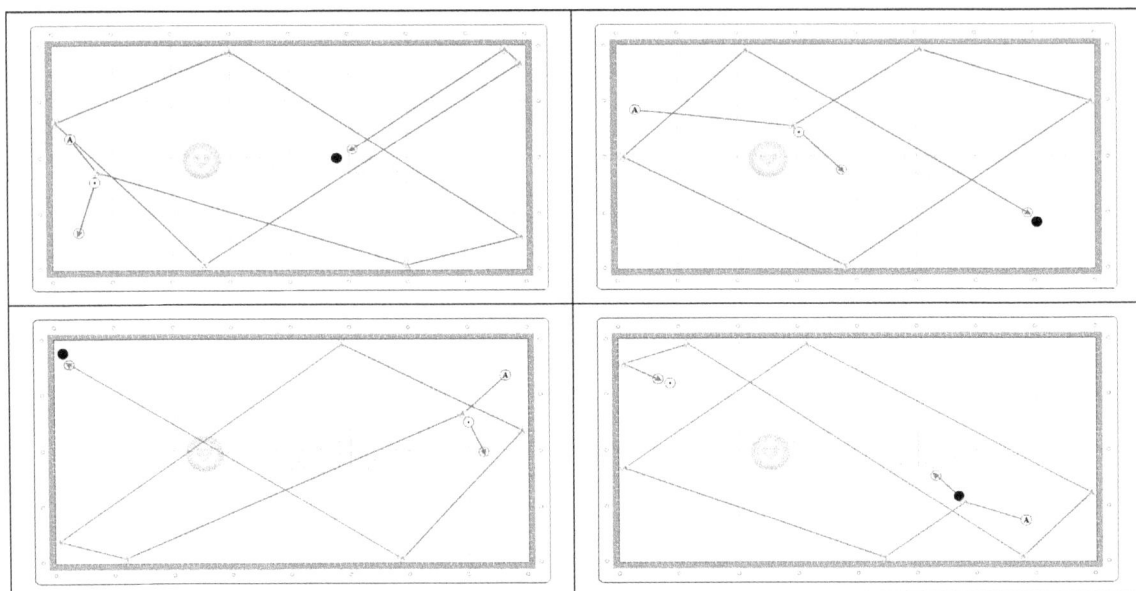

Analyse:

E:2a. _____

E:2b. _____

E:2c. _____

E:2d. _____

E:2a – Setup

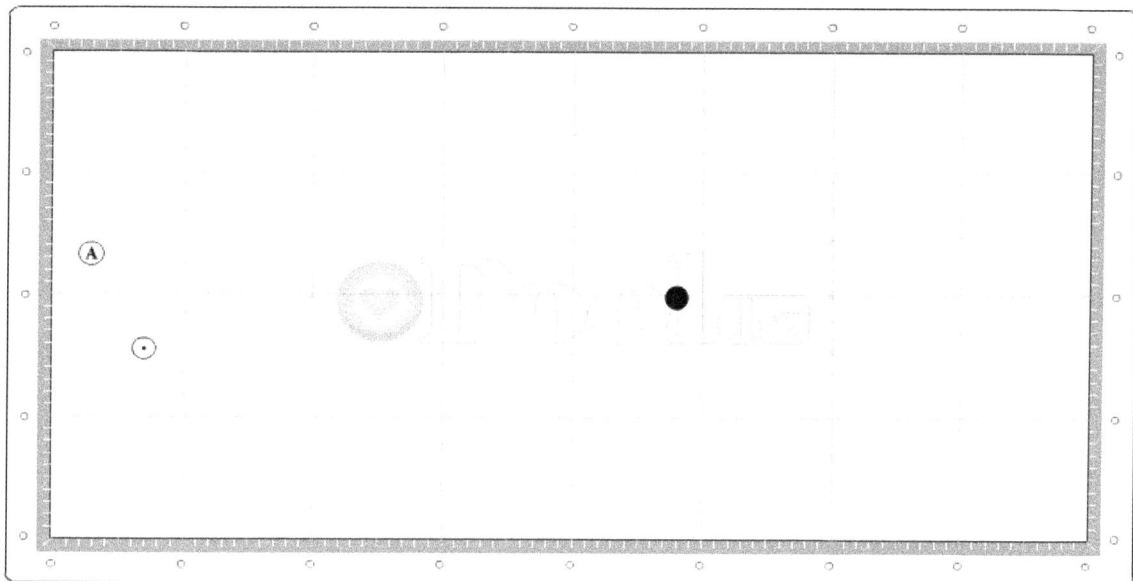

Notater og ideer:

Skudd mønster

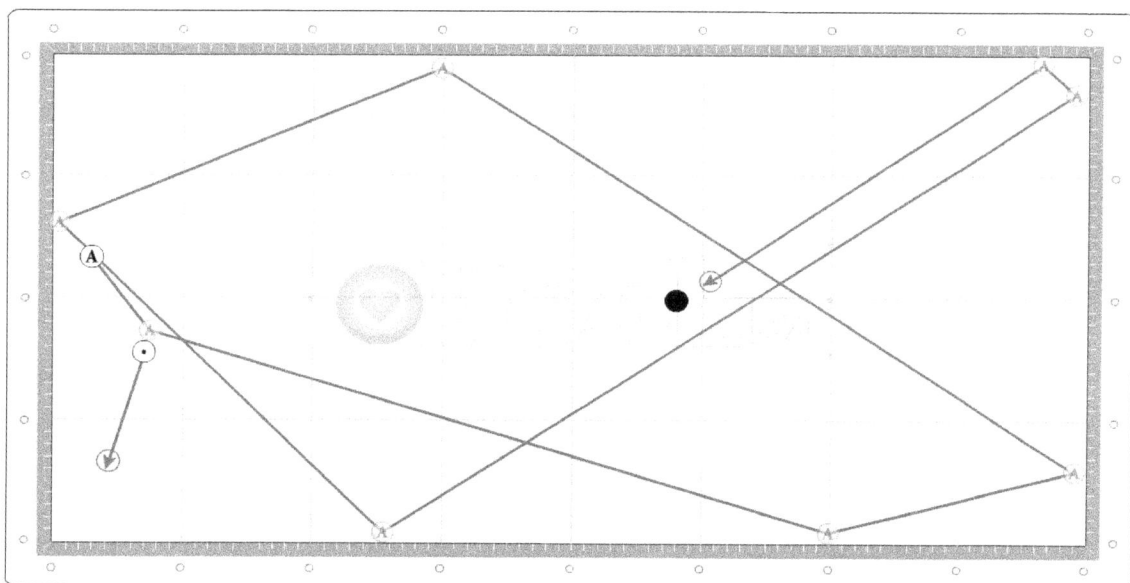

E:2b – Setup

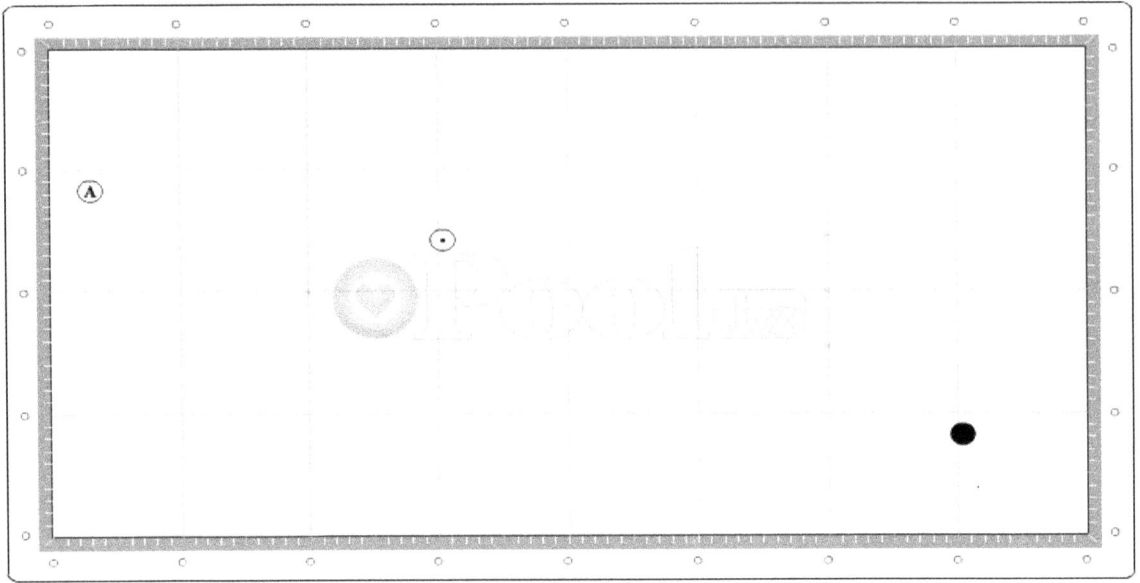

Notater og ideer:

Skudd mønster

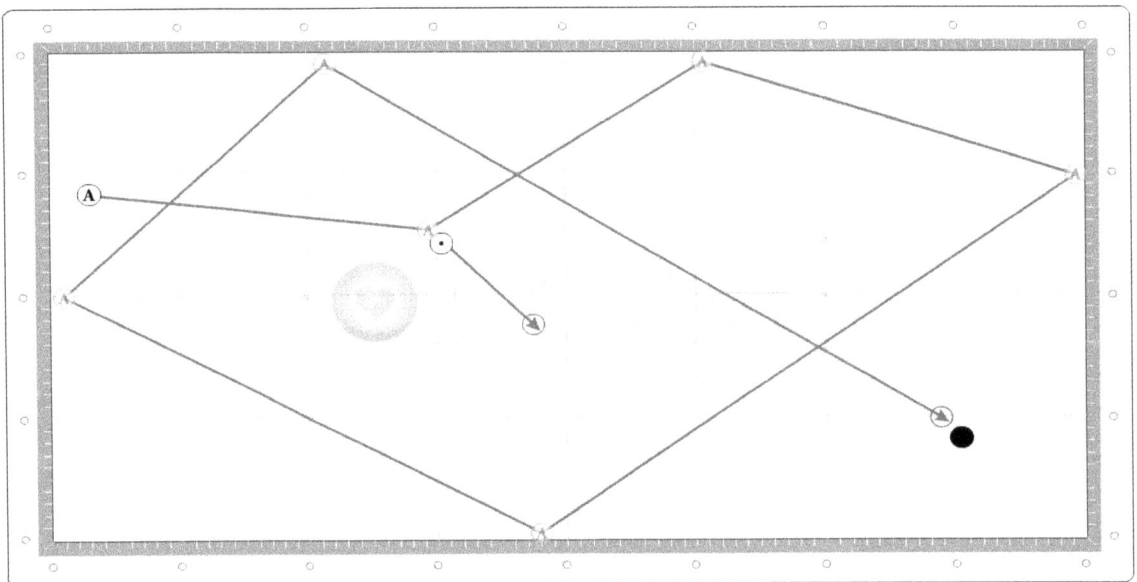

E:2c – Setup

Notater og ideer:

Skudd mønster

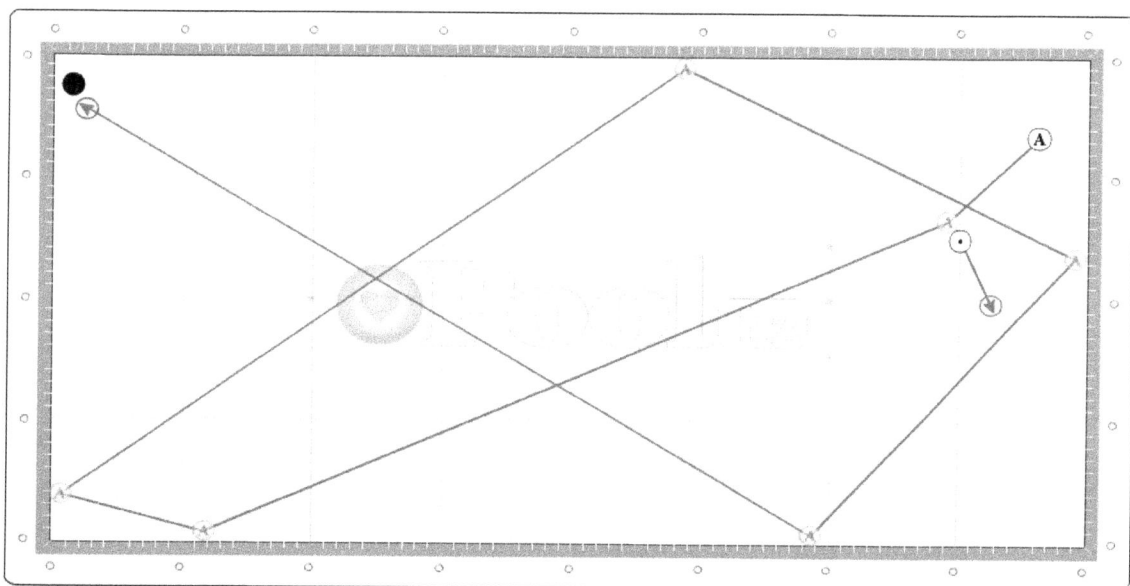

E:2d – Setup

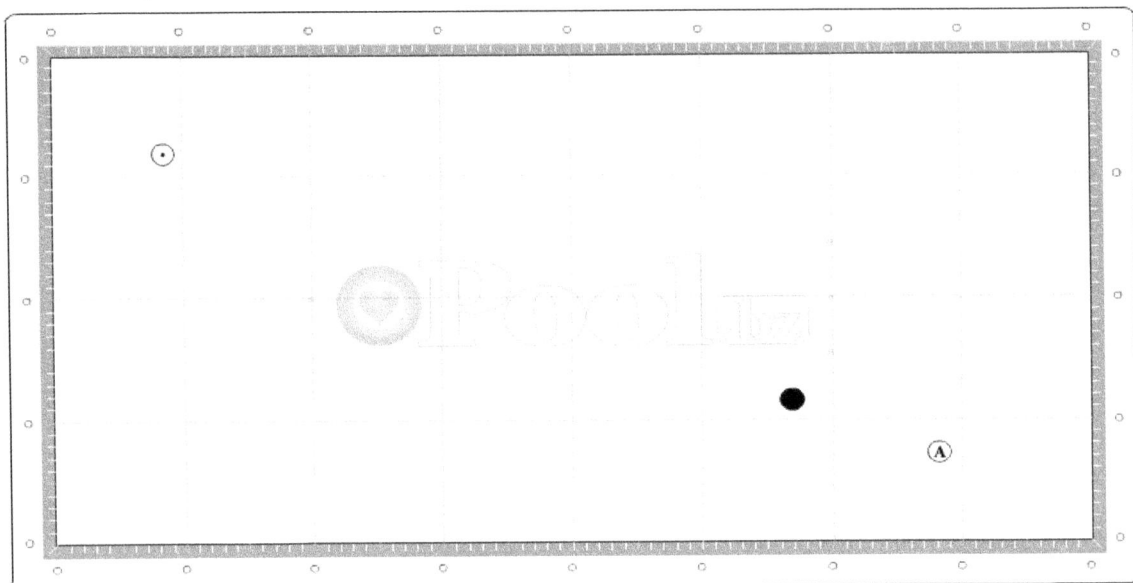

Notater og ideer:

Skudd mønster

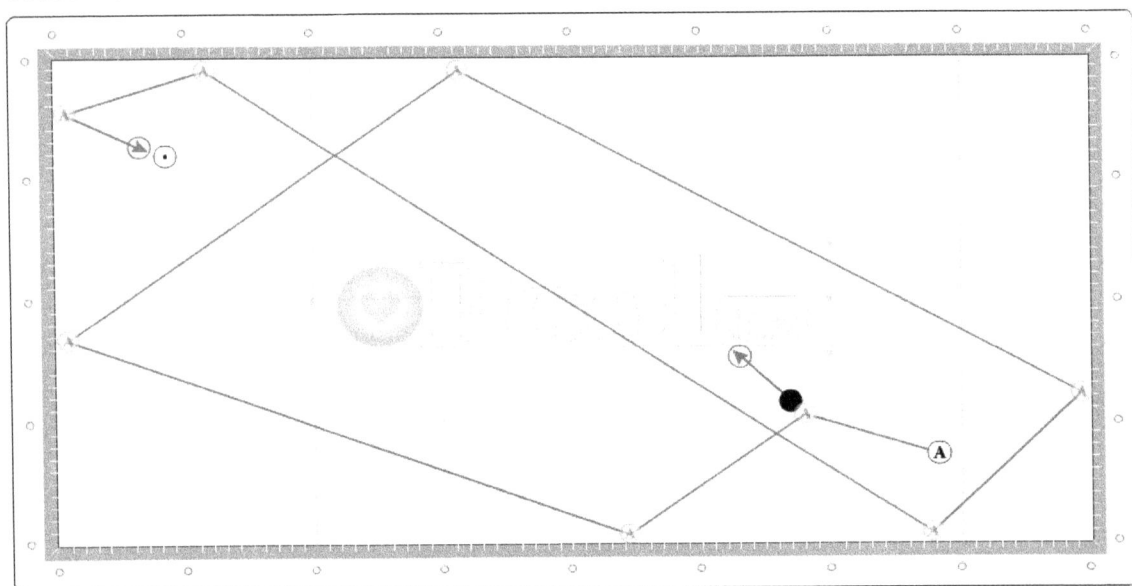

F: Morsomt og interessant

Disse situasjonene viser den profesjonelle spillerens sterke fantasi. Men noen ganger er poengsummen bare et spørsmål flaks, når de står overfor en uvanlig konfigurasjon.

(A) (CB) (biljardkule) - (·) (OB) (motstander billiardball) - ● (OB) (rød biljardball)

F: Gruppe 1

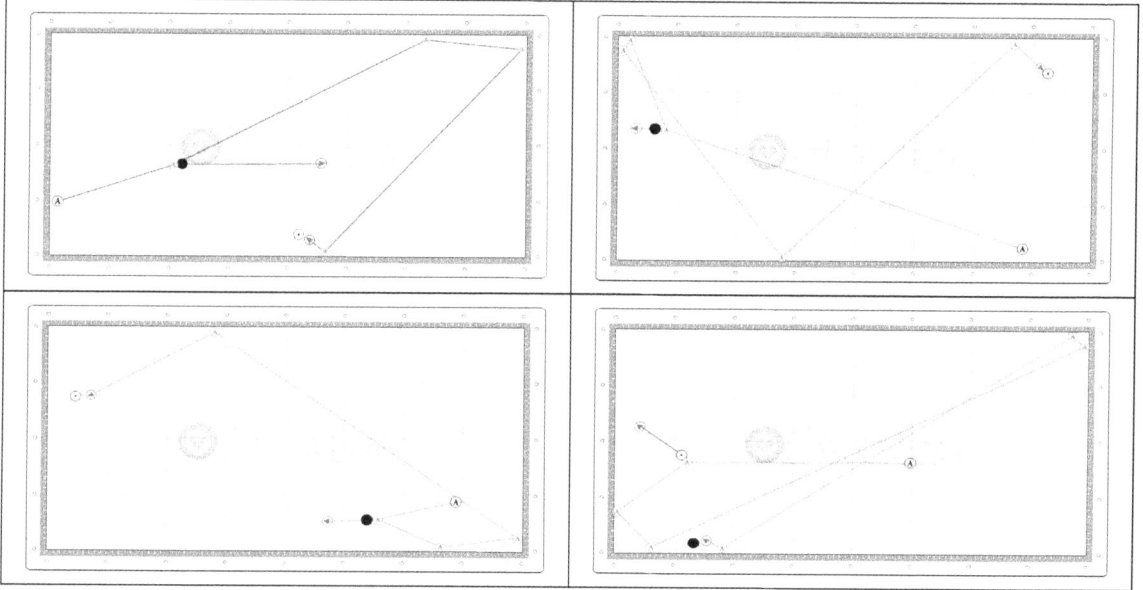

Analyse:

F:1a. _____

F:1b. _____

F:1c. _____

F:1d. _____

F:1a – Setup

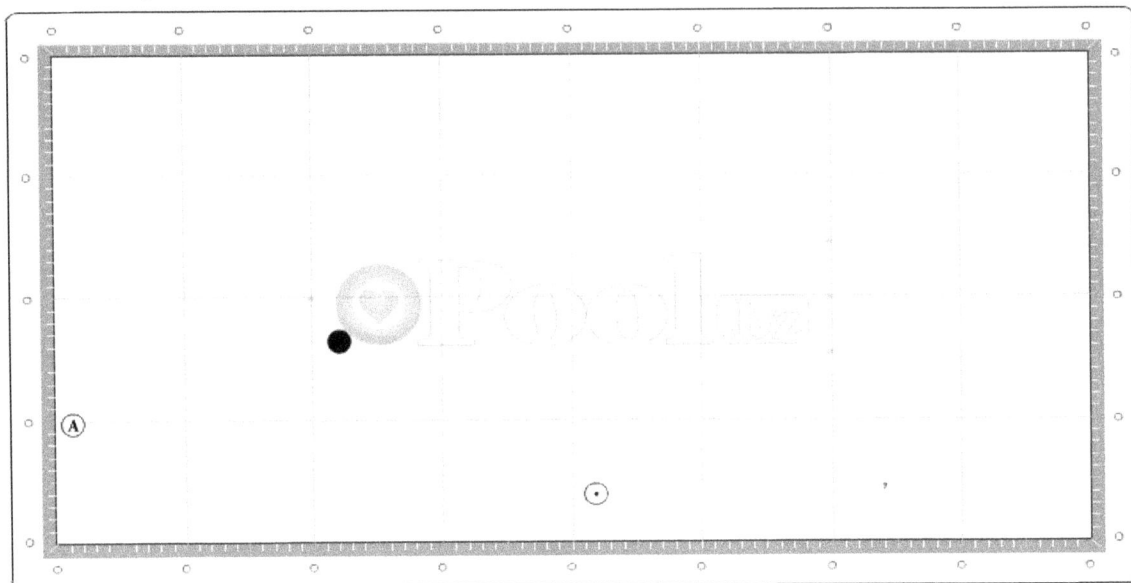

Notater og ideer:

Skudd mønster

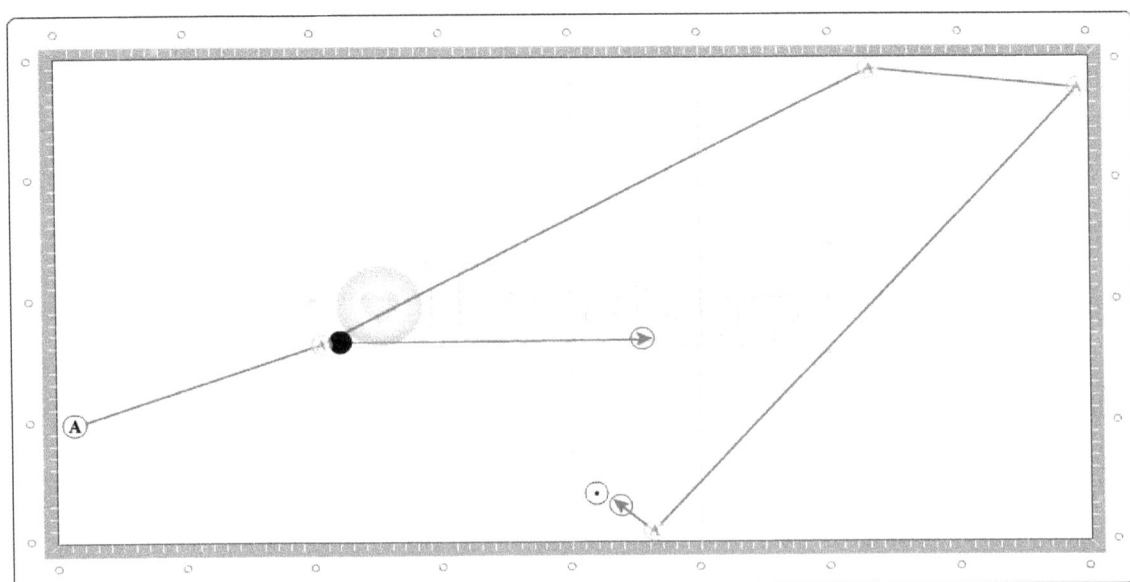

F:1b – Setup

Notater og ideer:

Skudd mønster

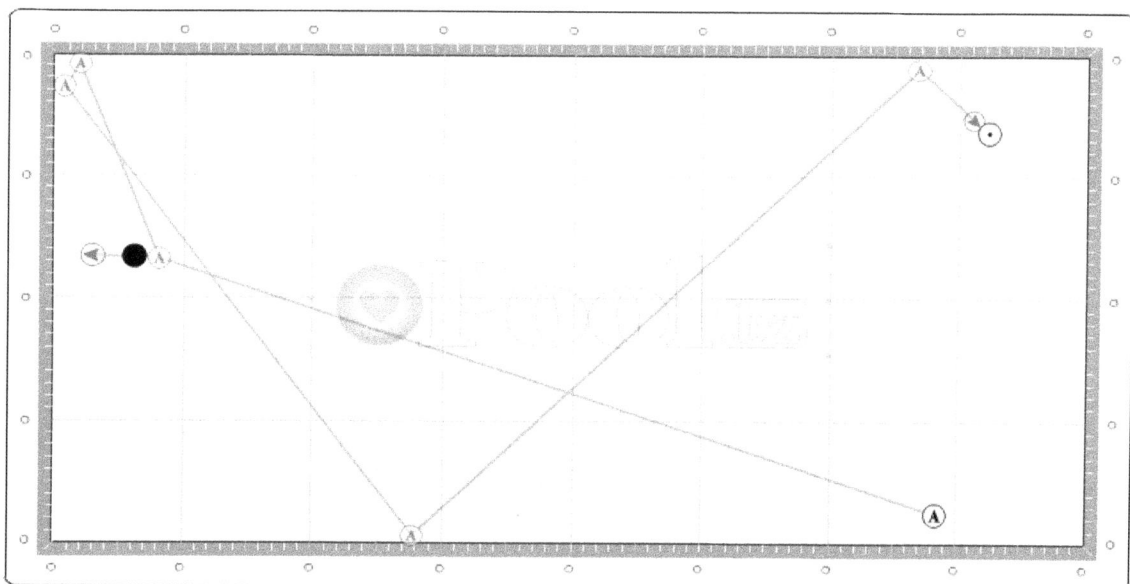

F:1c – Setup

Notater og ideer:

Skudd mønster

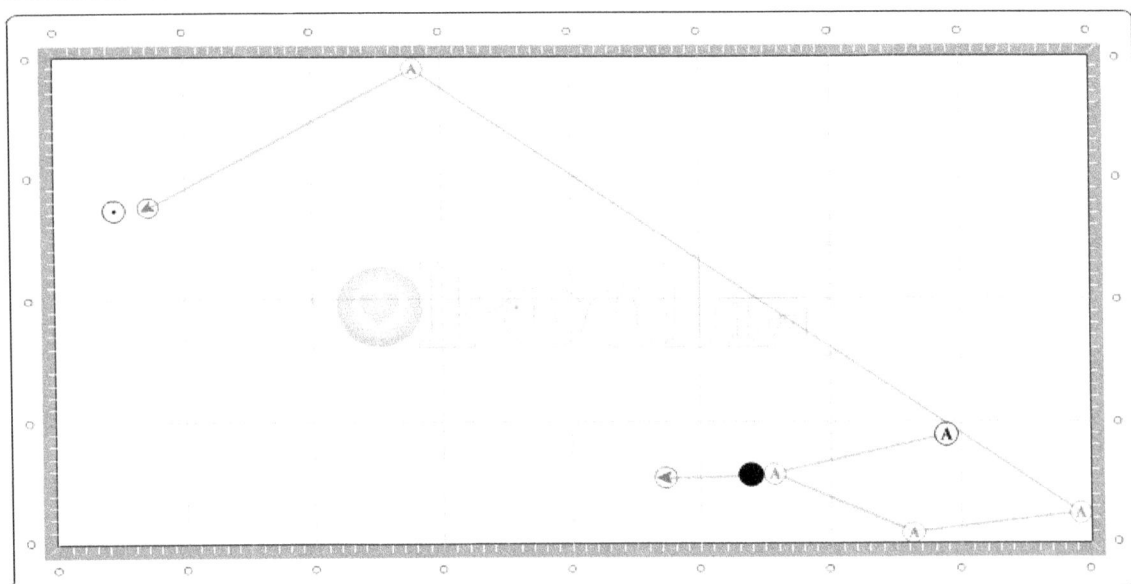

F:1d – Setup

Notater og ideer:

Skudd mønster

F: Gruppe 2

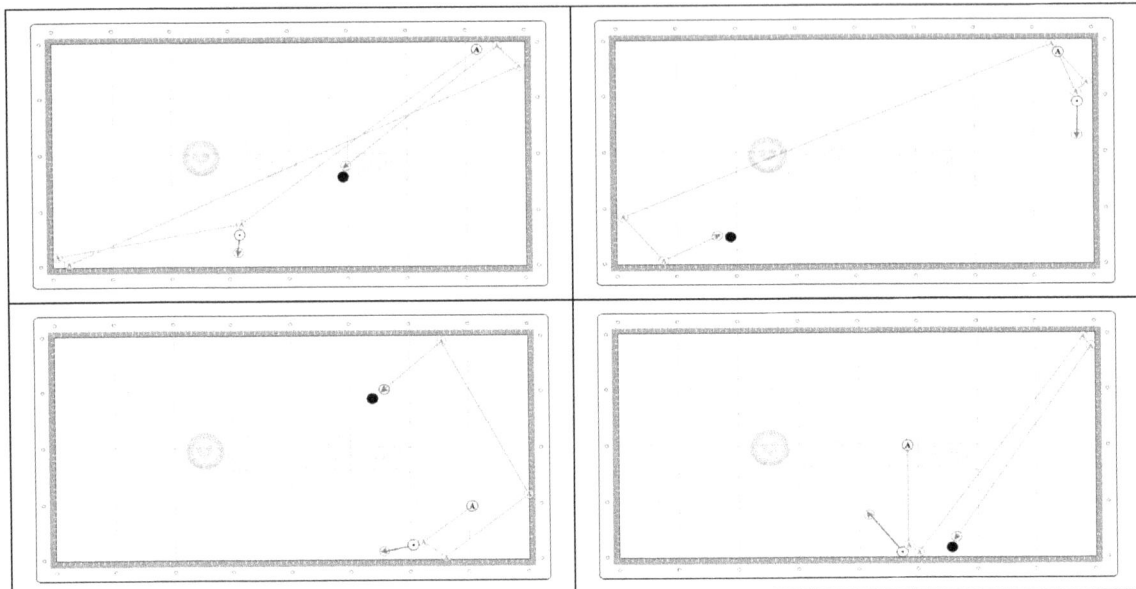

Analyse:

F:2a. _____

F:2b. _____

F:2c. _____

F:2d. _____

F:2a – Setup

Notater og ideer:

Skudd mønster

F:2b – Setup

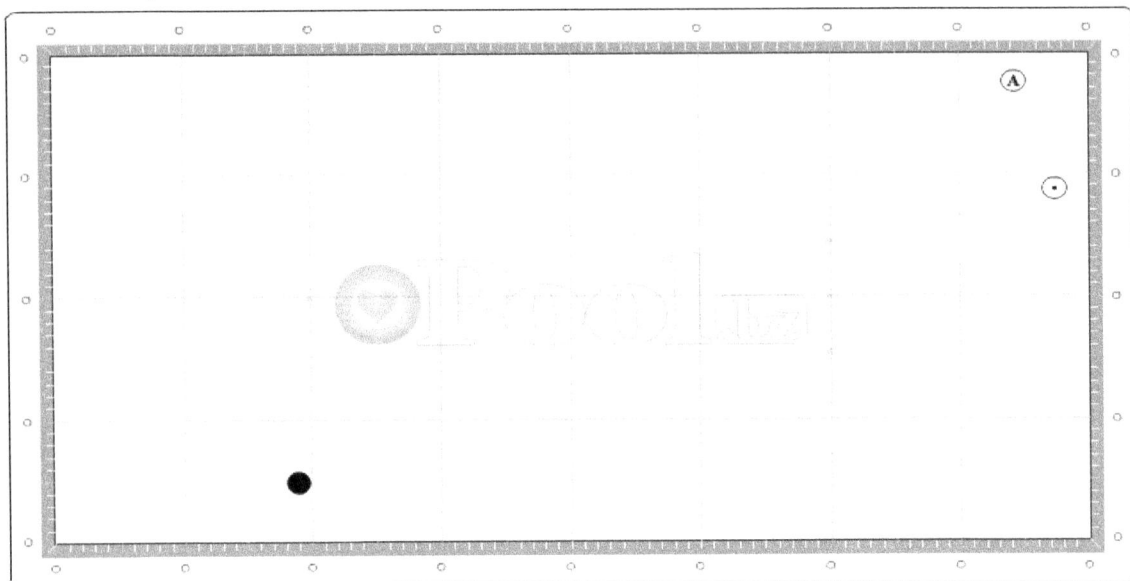

Notater og ideer:

Skudd mønster

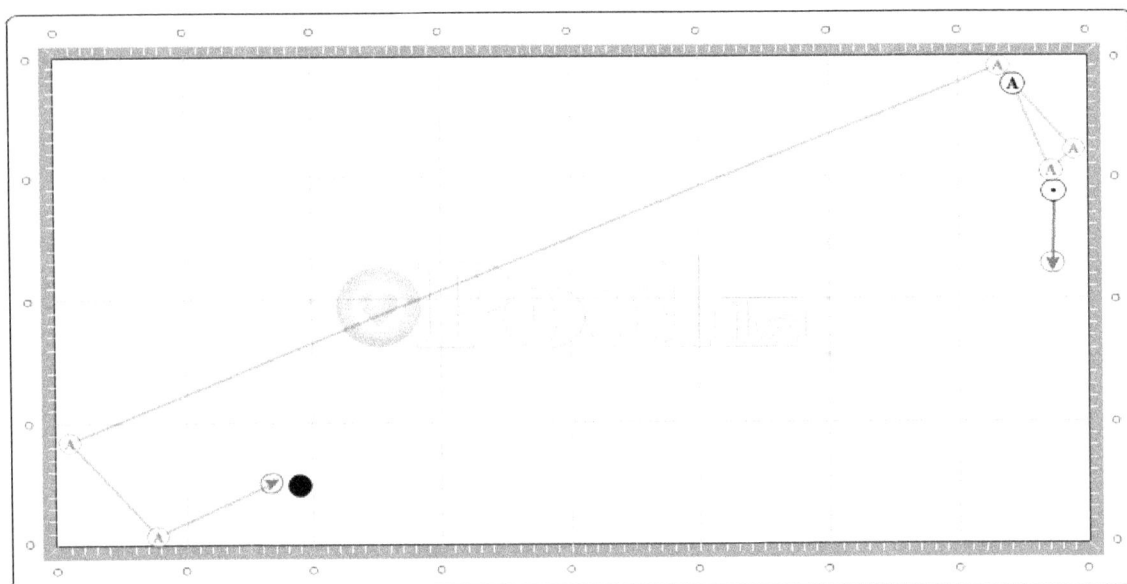

F:2c – Setup

Notater og ideer:

Skudd mønster

F:2d – Setup

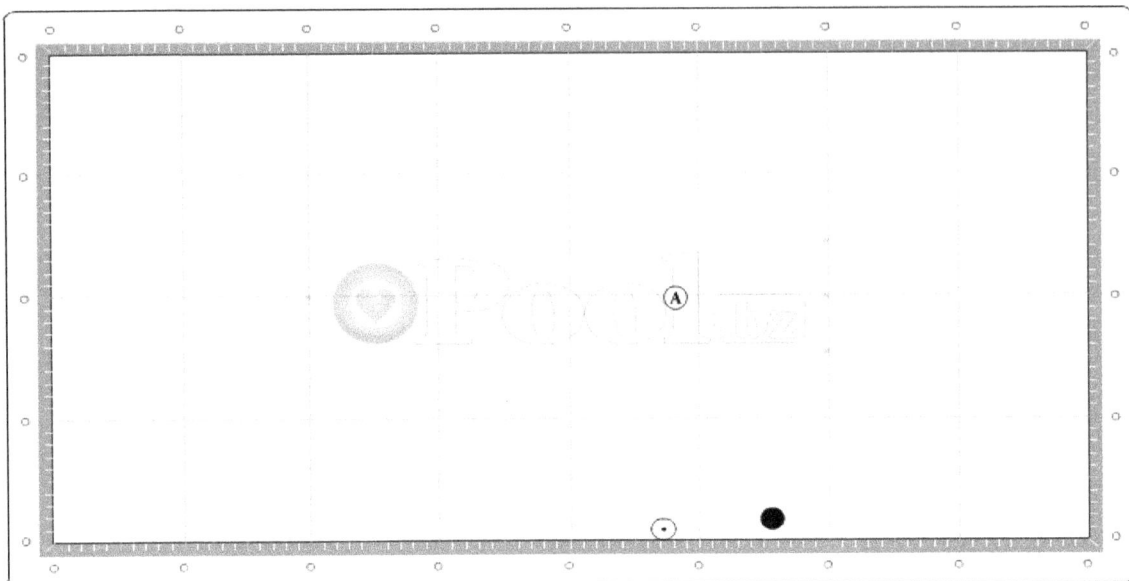

Notater og ideer:

Skudd mønster

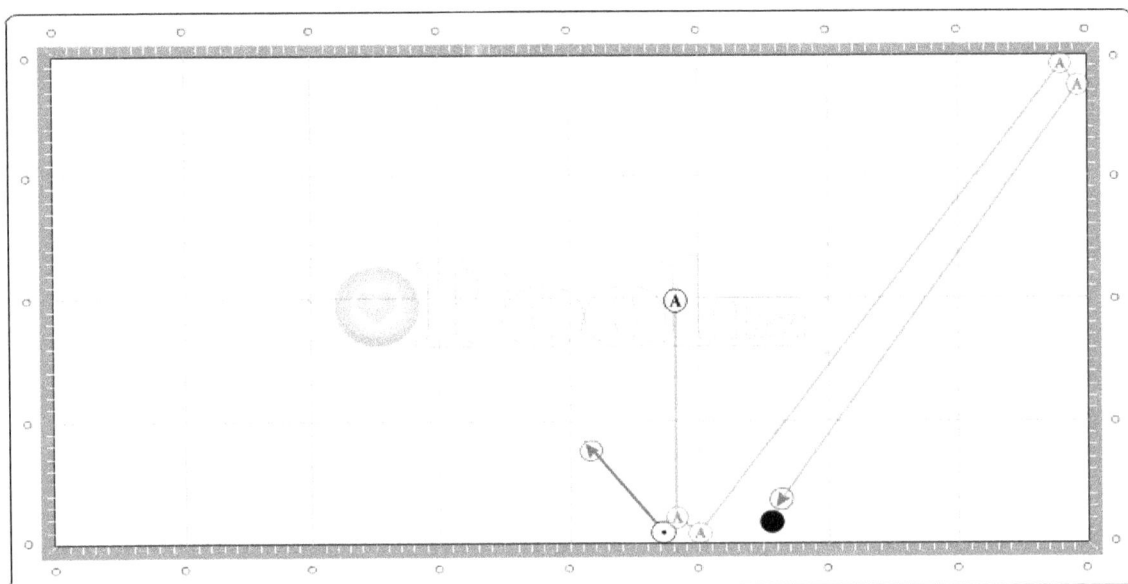

www.ingramcontent.com/pod-product-compliance
Lightning Source LLC
Chambersburg PA
CBHW062051090426
42740CB00016B/3093